# AS FRONTEIRAS
# DAS SOLUÇÕES DIGITAIS DE CONFLITO

Editora Appris Ltda.
1.ª Edição - Copyright© 2024 dos autores
Direitos de Edição Reservados à Editora Appris Ltda.

Nenhuma parte desta obra poderá ser utilizada indevidamente, sem estar de acordo com a Lei n° 9.610/98. Se incorreções forem encontradas, serão de exclusiva responsabilidade de seus organizadores. Foi realizado o Depósito Legal na Fundação Biblioteca Nacional, de acordo com as Leis n°s 10.994, de 14/12/2004, e 12.192, de 14/01/2010.

Catalogação na Fonte
Elaborado por: Josefina A. S. Guedes
Bibliotecária CRB 9/870

---

M921f
2024

Motta, Jefferson Holliver
   As fronteiras das soluções digitais de conflito / Jefferson Holliver Motta. –
1. ed. – Curitiba: Appris, 2024.
   180 p. ; 31 cm. – (Direito e democracia).

   Inclui referências.
   ISBN 978-65-250-5676-0

   1. Mediação. 2. Direito – Digital. 3. Justiça. I. Título. II. Série.

CDD – 342

---

Livro de acordo com a normalização técnica da ABNT

**Appris**
*editora*

Editora e Livraria Appris Ltda.
Av. Manoel Ribas, 2265 – Mercês
Curitiba/PR – CEP: 80810-002
Tel. (41) 3156 - 4731
www.editoraappris.com.br

Printed in Brazil
Impresso no Brasil

Jefferson Holliver Motta

# AS FRONTEIRAS
# DAS SOLUÇÕES DIGITAIS DE CONFLITO

## FICHA TÉCNICA

EDITORIAL  Augusto Coelho
            Sara C. de Andrade Coelho
COMITÊ EDITORIAL  Marli Caetano
            Andréa Barbosa Gouveia - UFPR
            Edmeire C. Pereira - UFPR
            Iraneide da Silva - UFC
            Jacques de Lima Ferreira - UP
SUPERVISOR DA PRODUÇÃO  Renata Cristina Lopes Miccelli
ASSESSORIA EDITORIAL  Jibril Keddeh
REVISÃO  Ana Carolina de Carvalho Lacerda
PRODUÇÃO EDITORIAL  Bruna Holmen Santos
DIAGRAMAÇÃO  Bruno Ferreira Nascimento
CAPA  Eneo Lage

### COMITÊ CIENTÍFICO DA COLEÇÃO DIREITO E DEMOCRACIA

DIREÇÃO CIENTÍFICA  Tiago Gagliano Pinto Alberto (PUCPR)

CONSULTORES

**INTERNACIONAIS**
- Juan Antonio García Amado (Unileón)
- Lorenzo Álvarez de Toledo (Unileón)
- Jordi Ferrer Beltrán (UDG)
- Carmen Vázquez (UDG)
- Amós Arturo Grajales (UNLP)
- Guillermo Peñalva (UNLP)
- María Victoria Mosmann (Unicasal)
- Walter Arellano (Unam)
- Abril Uscanga Barradas (Unam)

**NACIONAIS**
- Francisco Cardozo Oliveira (Unicuritiba)
- Sandro Kozikoski (UFPR)
- Bruno Milanez (Uninter)
- Tarsis Barreto (UFT)
- André Peixoto de Souza (UFPR)
- Vivian Lima Lopez Valle (PUCPR)
- Felipe Bambirra (Unialfa e UFG)
- Antonio Kozikoski (PUCPR)
- Rodrigo Kanayama (UFPR)
- Noel Strichiner (PUCRJ)
- Danielle Anne Pamplona (PUCPR)
- Fernanda Busanello (UFGO)
- Felipe Asensi (Uerj)

*Aos meus pais e aos meus irmãos, por todo amor, cuidado, incentivo e paciência a mim dispensados.*

# PREFÁCIO

## O FUTURO MODERNO É O DA ARBITRAGEM E O DA MEDIAÇÃO COMO UMA OBRIGAÇÃO IMEDIATA

Dados do anuário Justiça em números do ano de 2022, publicado pelo CNJ, demonstram que o estoque de casos pendentes, ou seja, aguardando julgamento ao fim do ano de 2021, era da ordem de 77,3 milhões de ações judiciais (CNJ, 2022, p. 104). As despesas do Judiciário, no mesmo período, ultrapassaram a cifra de R$ 103 bilhões de reais (CNJ, 2022, p. 80), sendo que 91,5% disso foram gastos com salários, encargos, pagamento de pessoal terceirizado, benefícios etc. (CNJ, 2022, p. 54, 88).

Ao mesmo tempo, constatou-se que o tempo padrão de duração de um processo de conhecimento em 1º grau nas diversas esferas de Justiça é de dois anos e três meses (CNJ, 2022, p. 55). Some-se a isso mais 11 meses, em média, de espera para tramitação dentro dos Tribunais de Justiça e mais dois anos de dois meses como média para concluir uma execução judicial da sentença (CNJ, 2022, p. 55).

Como corolário disso se terá a impressionante marca de 64 meses, ou seja, cinco anos e três meses para que se possa ter algum tipo de efetiva materialização do direito das partes, prestada pelo Judiciário. Isso sem falar dos casos que acessam os Tribunais Superiores, tais como o STF e o STJ. O congestionamento bateu recordes: ao final do ano de 2021 alcançou a taxa bruta de 76,5% dos processos em primeiro grau nas diversas esferas de Justiça e 52% em segundo grau (CNJ, 2022, p. 158).

Tais demonstrativos denotam o quanto o Poder Judiciário está assoberbado de serviço e como ele não consegue minimamente amparar os anseios da população, muito menos cumprir seu papel constitucional de guardião da efetividade de jurisdição e celeridade processual, previstos no artigo 5º, LXXVIII da Constituição. Não obstante, demonstra o quanto a população brasileira tem enraizada em si a cultura do litígio que descamba para o Judiciário resolver.

De fato, é compreensível essa "dependência" das pessoas acerca do Poder Judiciário: desde que a primitiva autotutela e o jusnaturalismo deixaram de ser a regra de ordenação para serem substituídos pela racionalidade positivista moderna advinda das revoluções industriais e iluministas.

Dessa forma, o pensamento acerca do mundo das regras e suas formas de se relacionar com a sociedade passou a ser um só, centrado no monopólio da jurisdição consolidado nas mãos de um segmento ficcional do Estado, bem estruturado em três poderes complementares, mas independentes entre si: Legislativo, Executivo e Judiciário.

Por uma evidente questão de evolução e maturidade da ordem social e da necessidade de pacificação de conflitos, às pessoas foi retirado o "direito de dizer o Direito", passando a autotutela a ser aceita somente em casos de absoluta exceção, como a legítima defesa, estado de necessidade etc.

O Judiciário assumiu, com exclusividade, a função de tutelar os litígios e interesses em conflito, solucionando-os da forma mais pacífica e menos onerosa ao devedor possível, detendo, ainda, o uso exclusivo da força legitimada, ou seja, sem que a coerção determinada por uma autoridade natural ou legítima implique infração de direitos ou em ilícitos.

Contudo, esses números delineados demonstram que, em pleno século XXI, o Judiciário exerce muito mal as suas funções. E que a cultura de dependência desse órgão do Estado precisa imediatamente ser aniquilada. Na verdade, os instrumentos jurídicos normativos e os tecnológicos para que isso ocorra já existem.

Se em seu livro, o autor Jefferson Holliver Motta demonstrou os caminhos tecnológicos para a implementação e sedimentação do Mundo V.U.C.A, a legislação brasileira atual clarifica que o legislador ordinário não se quedou inerte no trato da questão, dando todas as condições e incentivos necessários à sociedade usar e ter à sua disposição o sistema multiportas de resolução de conflitos, que contempla, por exemplo e não só, a arbitragem e a mediação. As Leis n.º 9.307/96 e n.º 13.140/2015 são exemplos claros disso.

A lição que se pode obter das doutrinas acerca do assunto e do arcabouço jurídico atualmente existente é clara: os métodos alternativos de resolução de conflito (por todas as problemáticas envoltas ao Judiciário, que não consegue minimamente amparar e resolver as questões de fundo dos litígios) são a única via adequada para efetivar a pacificação social que a Constituição Federal almeja com princípio efetivador dos direitos e garantias fundamentais.

Especialmente porque, na modernidade, já está ultrapassada e é arcaica a ideia de Giuseppe Chiovenda de que a jurisdição é função exclusivamente estatal, que conjuntamente com outras duas grandes funções — a legislativa e a governamental (ou administrativa) — formam o poder uno, que é a soberania do Estado (CHIOVENDA, 1969, p. 37).

Veja-se, a título de exemplo, que a Lei n.º 9.307/96 ressignificou o instituto da arbitragem, livrando esta da nefasta dependência imposta pelo Código de Processo Civil de 1973, que transformava o Poder Judiciário em órgão revisor ou homologador da decisão arbitral. Com efeito, a legislação de 1996 dotou a sentença arbitral com a necessária independência e autonomia em relação à sua eficácia e necessária vinculação.

Celebrou-se, com tal mudança legislativa, o tão aguardado "empurrão" ou — para usar uma expressão e ideia de Richard Thaler e Cass Sunstein — "*nudge*" para o caminho certo do paternalismo libertário: o benéfico incentivo à população para arbitrar, que não mais estaria sob o jugo das determinações do Judiciário e da perda de tempo e dinheiro com procedimentos homologatórios descabidos e nefastos.

O artigo 18 da lei da arbitragem escancarou o que modernamente deve se aceitar como sendo jurisdição: o poder conferido a alguém imparcial (não necessariamente um Juiz de Direito) para aplicar a norma e solucionar o conflito por meio do processo, prolatando sentença capaz de produzir coisa julgada material e, portanto, passível de imposição aos litigantes (SCAVONE JR, 2018, p. 20).

Ao mesmo tempo, tal artigo dotou o árbitro dos mesmos poderes que um Juiz estatal tem. Nesse sentido: "O árbitro é juiz de fato e de direito, e a sentença que proferir não fica sujeita a recurso ou a homologação pelo Poder Judiciário" (BRASIL, 1996, p. 1).

Portanto, as constatações são óbvias: 1) no Brasil e desde o advento da lei da arbitragem, jurisdição não é mais um monopólio do Estado; 2) o conceito moderno de jurisdição é outro que não a vetusta ideia de concentração de tal prerrogativa na mão do Judiciário; 3) árbitros exercem autêntica jurisdição, pois dizem o Direito e o impõem aos conflitantes, sendo que o que fazem é autêntica sentença e, portanto, com eficácia de coisa julgada material e de título executivo judicial.

Não obstante, mais uma importante constatação é possível: a moderna concepção da arbitragem exigiu a correta interpretação do artigo 5º, XXXV da Constituição. É entendimento pacífico na jurisprudência que a arbitragem não é inconstitucional e sua contratação afasta a apreciação do Poder Judiciário acerca do mérito sem infringir o modelo constitucional garantido de livre acesso ao Judiciário.

A doutrina corrobora tal assertiva:

> A arbitragem não ofende os princípios constitucionais da inafastabilidade do controle jurisdicional, nem do juiz natural.

a lei de arbitragem deixa a cargo das partes a escolha, isto é, se querem ver sua lide julgada por juiz estatal ou por juiz privado. Seria inconstitucional a lei de arbitragem se estipulasse arbitragem compulsória, excluindo do exame, pelo Poder Judiciário, a ameaça ou lesão de direito. (NERY JR, 2022, p. 1726).

Isso posto, não é demais relembrar que, por evidente questão de lei e interpretação doutrinária e jurisprudencial, a arbitragem no Brasil não é obrigatória. Mas deveria ser, e nos mesmos moldes de alguns países, como a Nicarágua, que obriga a mediação como procedimento pré-processual em matérias como família, civis, mercantis, agrárias e trabalhistas.

Na Argentina, Paraguai e no Chile, tal obrigação é devida diante da iminência de todo processo judicial. No Equador, a sentença de mediação é autônoma e independente e tem eficácia de título executivo judicial. No Peru e Uruguai, a conciliação é obrigatória antes de todo e qualquer processo judicial (ZANINI, 2020, p. 1).

No Brasil, a mediação é regra e obrigação inclusive dentro do processo judicial, nos moldes do Art. 334 e 695 do CPC. A ponto de ser dever de todos os agentes do processo estimular resoluções alternativas de conflito (Art. 3º, parágrafo 3º do CPC).

E se pela regra do artigo 1º da Lei n.º 9.307/96 a arbitragem é válida para dirimir direitos patrimoniais disponíveis, e como visto a arbitragem não ofende a ordem pública e dota alguém de fora do sistema estatal — o árbitro — com o poder de exercer autêntica jurisdição, a solução da grande maioria dos problemas da vida de uma pessoa ou da coletividade pode passar incólume à intervenção do Estado.

A despeito de querer se livrar dos traumas de um passado de supressão de direitos e garantias fundamentais, o constituinte de 1988, ao democratizar o acesso ao Judiciário e reforçar o papel de monopolista da jurisdição que este detinha, acabou por permitir uma externalidade talvez não querida e nem pensada: um Judiciário atual que é completamente inapto a prestar seus serviços públicos com qualidade.

Para resolver essa questão, basta um pouco de vontade política para que haja uma alteração constitucional, por via da proposta de emenda (PEC) que sirva a desmistificar o mito de que "o Judiciário é inafastável". Com efeito, o Congresso Nacional se ocupa de tantos assuntos impertinentes e dissociados do interesse público em muitas emendas à Constituição que foram aprovadas. Dessa forma, por que não a alterar mais uma vez e coadunar o modelo de livre acesso ao Judiciário, à modernidade e aos sistemas multiportas de resolução de conflitos, colocando-se barreiras, obstáculos ou pré-requisitos para o interesse de agir em demandas judiciais?

Não se está aqui a defender a impossibilidade ou retirada de acesso à jurisdição do Estado. Trata-se apenas de afirmar a necessidade de racionalização do instituto constitucional. Este precisa sofrer um filtro de moralidade e ética que sirva a colocar o Judiciário novamente nos trilhos da normalidade. Isso porque o que existe atualmente nesse poder do Estado, em termos de demanda, é tudo menos razoabilidade.

Ao mesmo tempo, a legislação infraconstitucional deve se imiscuir em tratar quais assuntos de direito material disponível devem passar por mediação ou arbitragem prévias ao processo. Apenas como exemplo da gama enorme de possibilidades, pode-se citar o comércio marítimo, o Direito do consumidor, a responsabilidade civil contratual e aquiliana, demandas cíveis de menor potencial ofensivo e que pertençam ao sistema dos Juizados Especiais Estaduais ou Federais, o Direito de família e o Direito de vizinhança.

O Judiciário nunca foi e nem será a *ultima ratio* da salvaguarda dos direitos das pessoas. A história e os números demonstram cabalmente tal afirmação. Ocorre que já passou da hora de acabar com a cultura nefasta do litígio resolvido pelas mãos exclusivamente do Estado.

A tecnologia, especialmente no pós-pandemia de Covid-19, nos legou aplicações e ferramentais aptos a suprir nossas necessidades e carências de locomoção, distância, custo e perda de tempo.

De outro lado, a legislação, a doutrina e a jurisprudências vigentes consagram a autonomia, independência e segurança jurídica de institutos como a conciliação, mediação e arbitragem. O que está faltando é a necessária literacia da sociedade a respeito desses métodos e uma pequena dose de bom senso legislativo para mudanças prementes e necessárias.

O mundo V.U.C.A só será algo realmente efetivo se o Judiciário se livrar, de uma vez por todas — e não com medidas paliativas — do atual estado lamentável de inchaço, letargia e gastos estrondosos em que se encontra. Não há mais desculpas para o acesso e aplicação das formas alternativas de solução de conflitos.

**Dr. Charles Emmanuel Parchen**

Doutor e mestre em Direito Econômico e Socioambiental pela PUC-PR. Especialista em Processo Civil pela PUC-PR e em Direito Privado pela Universidade Gama Filho-RJ. Professor do curso de Direito da UniCuritiba e da PUCPR. Professor da pós-graduação da PUCPR, Faculdades Vicentina e ABDConst. Advogado.

E-mail: charlesadv@gmail.com

# REFERÊNCIAS

CHIOVENDA, Giuseppe. **Instituições de direito processual civil**. São Paulo: Saraiva, 1969. v. II.

CONSELHO NACIONAL DE JUSTIÇA. **Justiça em números 2022**. [S. l.], 2022. Disponível em: https://www.cnj.jus.br/wp-content/uploads/202https://www.cnj.jus.br/wp-content/uploads/2022/09/justica-em-numeros-2022.pdf2/09/justica-em-numeros-2022.pdf. Acesso em: 21 set. 2022.

BRASIL. **Constituição Da República Federativa Do Brasil de 1988**. Disponível em: http://www.planalto.gov.br/ccivil_03/constituicao/constituicao.htm. Acesso em: 21 set. 2022.

BRASIL. Lei n. 9.307/96. **Da arbitragem**. Brasília, DF, 1996. Disponível em: http://www.planalto.gov.br/ccivil_03/leis/l9307.htm. Acesso em: 21 set. 2022.

BRASIL. Lei N. 13.015/2015. **Código de Processo Civil**. Brasília, DF, 2015. Disponível em: http://www.planalto.gov.br/ccivil_03/_ato2015-2018/2015/lei/l13105.htm. Acesso em: 21 set. 2022.

NERY JÚNIOR, Nelson. **Código de Processo Civil Comentado e Legislação Processual Civil em Vigor**. 20. ed. São Paulo: Editora Revista dos Tribunais, 2022.

SCAVONE JR, Luis Antônio. **Manual de Arbitragem**: mediação e conciliação. 8. ed. Rio de Janeiro: Forense, 2018.

ZANINI, Luis Philip Domingos. **Mediação na América Latina** – legislações e aspectos relevantes. Disponível em: https://pt.linkedin.com/pulse/media%C3%A7%C3%A3o-na-am%C3%A9rica-latina-legisla%C3%A7%C3%B5es-e-aspectos-domingos. Acesso em: 21 set. 2022.

# APRESENTAÇÃO

É com muito prazer que aceito o desafio de apresentar o livro de Jefferson Holliver Motta, resultado de um trabalho árduo e afinco, que acompanhei desde seu nascimento.

A sociedade sempre experimentou novas tecnologias, pois a inovação é inerente à própria natureza humana. Utilizar tecnologias sem antes se conhecer os caminhos que a fizeram chegar ali, sem a necessária avaliação dos riscos, só amplia a status da sociedade como uma sociedade de riscos.

Livros como este são mais necessários quando as inovações passam a apresentar estados de incerteza.

O conteúdo deste livro contempla distintos aspectos da aplicação das tecnologias em ferramentas que contribuam com a evolução pujante da sociedade. Nesse aspecto, o título do livro — *As fronteiras das soluções digitais de conflitos* — é um convite para conhecer novas possibilidades.

O mundo está cada vez mais conectado, e isso se reflete nas mais diversas áreas da vida. Uma dessas áreas, perfeitamente abordada nesta obra, é a resolução de disputas, que agora pode ser feita on-line. A *Online Dispute Resolution*, ou ODR, é uma alternativa prática e eficiente para solucionar conflitos sem a necessidade de reuniões presenciais ou até mesmo processos judiciais.

Com a ODR é possível resolver disputas de consumo pela internet, de forma rápida, simples e acessível. As plataformas de ODR oferecem mecanismos para que os consumidores possam apresentar suas queixas e buscar soluções amigáveis com as empresas, sem a necessidade de comparecer a audiências ou contratar advogados.

Isso porque, muitas vezes, os consumidores enfrentam dificuldades para fazer valer seus direitos em processos judiciais tradicionais, seja por questões financeiras, de tempo ou de acesso à justiça.

Além disso, a ODR também pode ser uma alternativa interessante para as empresas, que podem resolver conflitos com seus clientes de forma ágil e eficiente, evitando desgastes na imagem da marca e reduzindo custos com processos judiciais.

No entanto, como muito bem advertido pelo autor, é importante destacar que a ODR não substitui totalmente os processos judiciais tradicionais em casos mais complexos. Mas, como ferramenta complementar, pode ser uma opção viável e eficaz para resolver conflitos de consumo.

Este livro é uma introdução completa e atualizada dos caminhos e métodos para aplicação em resolução dos conflitos. Aqui, você encontrará informações sobre as principais plataformas e técnicas utilizadas na resolução de disputas on-line, além de exemplos de casos. Também se aborda as principais vantagens e desafios da ODR, bem como as tendências futuras dessa área em constante evolução.

Se você é um profissional do Direito, um empreendedor ou simplesmente uma pessoa interessada em soluções inovadoras para conflitos, este livro é para você.

O livro, embora apresente um aspecto teórico, tem em suas nuances aplicação nos aspectos práticos. Trata-se de um material disruptivo dos saberes estabelecidos pela doutrina do Direito, bem como pelos costumes de uma sociedade ainda analógica em sua grande parte.

Acredito que as informações aqui contidas inspirem novas ideias, provoquem reflexões, contribuam para a construção de novos caminhos possíveis de um mundo mais justo e pacífico.

Aproveite o livro, além de abordar temas relevantes para os profissionais e para a população de modo geral, a obra se caracteriza por uma leitura fluida e agradável.

**Dr. Everson Luiz Oliveira da Motta**
Doutor em Educação e Currículo na Pontifícia Universidade Católica de São Paulo (PUC-SP), mestre em Educação e Novas Tecnologias (Uninter-PR), especialista em Educação Comunicação e Tecnologias em Interfaces Digitais (UniSEB-SP)

# LISTA DE ABREVIATURAS E SIGLAS

ADCT Ato das Disposições Constitucionais Transitórias
ADR Alternative Dispute Resolution
B2B business-to-business
B2C business-to-customer
CAV Consumer Affairs Victoria
CDC Código de Defesa do Consumidor
CE Commission European
CF Constituição Federal
CI Consumers International
CNJ Conselho Nacional de Justiça
CPC Código de Processo Civil
CSCA Computer Supported Collaborative Argumentation
FDA Food and Drugs Administration
Fonamec Fórum Nacional de Mediação e Conciliação
IBGE Instituto Brasileiro de Geografia e Estatística
Idec Instituto Brasileiro de Defesa do Consumidor
Iocu International Organization Consumers Unions
Mercosul Mercado Comum do Sul
ODR Online Dispute resolution
ODRLA Online Dispute Resolution Latinoamerica
ONU Organização das Nações Unidas
Procon Departamento Estadual de Proteção e Defesa ao Consumidor
SAC Serviço de Atendimento ao Cliente
Senacon Secretaria Nacional do Consumidor
Sindec Sistema Nacional de Informações de Defesa do Consumidor
TIC Tecnologias da Informação e da Comunicação
UE Union European
V.U.C.A Volatility, uncertainty, complexity and ambiguity

# SUMÁRIO

INTRODUÇÃO ........................................................... 19

## 1
## ADAPTABILIDADE DO DIREITO FRENTE ÀS DINÂMICAS SOCIAIS 23
1.1 CARACTERÍSTICAS DO V.U.C.A. ............................................... 31
1.2 SOCIEDADE DE CONSUMO ................................................... 39
1.3 RELAÇÕES DE CONSUMO ..................................................... 47
1.4 CARACTERÍSTICAS DOS CONFLITOS NA SOCIEDADE DE CONSUMO E A INTERAÇÃO DO CÓDIGO DE DEFESA DO CONSUMIDOR - CDC ............. 55

## 2
## O PARADIGMA DO ACESSO À JUSTIÇA E DA JURISDIÇÃO ............. 67
2.1. CRISE ESTRUTURAL E ASCENSÃO DE UM NOVO PARADIGMA ........... 71
2.2 DA PERSPECTIVA DA JUSTIÇA ................................................. 74
2.3 REFLEXÃO E AMPLIAÇÃO DO CONCEITO DE ACESSO À JUSTIÇA ....... 80
2.4 MÉTODOS DE RESOLUÇÃO DE CONFLITOS NO BRASIL: TEORIA *MULTIDOOR COURTHOUSE SYSTEM* DE FRANK SANDER ..................... 93
    2.4.1 Porta 1: *Screening clerk* ou Triagem ............................................. 95
    2.4.2 Porta 2: Mediação ........................................................... 97
    2.4.3 Porta 3: Arbitragem ......................................................... 99
    2.4.4 Porta 4: *Fact findinf* ........................................................ 100
    2.4.5 Porta 5: *Malpractice screening panel* ......................................... 101
    2.4.6 Porta 6: Corte superior ...................................................... 101
    2.4.7 Porta 7: Ombudsman ........................................................ 102
    2.4.8 Outras portas .............................................................. 103
2.5 ASPECTOS DO ESTADO DE DIREITO E OS MÉTODOS DE SOLUÇÃO DE CONFLITOS ........................................................................ 106

# 3
**RESOLUÇÕES DE CONFLITOS ON-LINE E O ACESSO À JUSTIÇA ... 117**
3.1 PROPOSTA DO *ONLINE DISPUTE RESOLUTION* – ODR ................... 128
3.2 PRINCIPAIS CARACTERÍSTICAS DO ODR .................................. 130
3.3 ESTRATÉGIA DO ODR NA RESOLUÇÃO DE CONFLITOS NAS RELAÇÕES DE CONSUMO ............................................................... 139
    3.3.1 Caso eBay ................................................................ 141
    3.3.2 Caso Europeu .......................................................... 145
    3.3.3 Caso Australiano ...................................................... 149
    3.3.4 Caso Brasileiro – plataforma consumidor.gov.br ........................... 151

**CONSIDERAÇÕES FINAIS** ................................................... 159

**REFERÊNCIAS** ............................................................. 165

# INTRODUÇÃO

O viés social estudado diante das constantes transformações tecnológicas desperta o interesse de indivíduos do universo jurídico cotidianamente. Ao trazer a tecnologia de forma aplicada para dentro do núcleo de pesquisa do Direito, da vida cotidiana e das empresas, visa aglutinar esforços para compreender seus reflexos no mundo jurídico e social, que é cada vez mais fundamental.

A interação da tecnologia com o ambiente jurídico para fim de solucionar conflitos visa responder sua influência nas questões de Poder, que pode ou não ser ligada ao Estado. Em especial pelas características da sociedade atual – em rede –, que começa a ignorar as fronteiras físicas existentes. Nota-se uma simbiose entre o Poder e o Estado, diante de um paradoxo de crise, não sendo possível abordá-los de formas independentes. Observam-se contornos e relações complexas frente à jurisdição. Contextualizando uma crise atribuída ao sistema judiciário e ambiguidade relativa ao status do dizer o Direito, demandas e anseios; celeridade e justiça. Entretanto, as características da jurisdição não atribuem obrigatoriedade de ser estudada somente sob o olhar do Estado, onde também é possível verificar suas possibilidades em paralelo à estrutura estatal, como uma forma complementar.

Todo esse cenário torna o tempo relativo, a percepção é de que o tempo é cada vez menor diante do volume de atividades intensas do trabalho humano. Somadas aos constantes acontecimentos pulverizados nas redes é que a revolução das tecnologias da informação e da comunicação (TIC) tende a desencadear uma nova forma de poder e apresentam perspectivas de análise da sociedade. Agora mais descentralizado, desconstruindo as fronteiras físicas na rede digital.

Verificar essa problemática, por meio do constructo de sociedade, cria responsabilidades para atores sociais, entes públicos ou civis, dentre elas o dever de provisionar um fluxo constante de informações, ações diretas e resolutivas que protejam os interesses dos mais vulneráveis. Em outras palavras, busca dar solução aos conflitos originados de uma nova forma de relação de consumo, potencializada principalmente pelas modalidades de comércio eletrônico que realiza transações por meio de dispositivos, plataformas eletrônicas conectadas à internet, tendo assim o poder de estar em todos os lugares, e o tempo todo as tornando ubíquas.

A percepção de que os conflitos são inerentes ao cotidiano e à vontade de economizar tempo, apresenta-se como umas das formas de resolver tais demandas. A provocação do Poder Judiciário diante dessa discussão advém de conhecimento prévio de variados métodos alternativos de solução, como a arbitragem, a conciliação e a mediação. Juntos, visam dar tratamento adequado, rápido e eficaz às demandas. No entanto, mesmo de posse dessas técnicas, surge a necessidade do incentivo à cultura do diálogo e da pacificação social, que deve ser fomentada por todos os atores envolvidos, a fim de alcançar uma forma inovadora de diminuir a judicialização dos conflitos gerados pelas inconsistências das relações de consumo.

Visto que ingressar com um processo em juízo requer a aplicação das leis, procedimentos e prazos prolongando ainda mais seus trâmites, o sistema atual pede pela adoção imediata de estratégias e meios alternativos, voltados para uma justiça mais efetiva, com mais aceitação a nível individual. Ensejando práticas diferenciadas que viabilizam o acesso à justiça com mais efetividade para as partes envolvidas, para o fim de se evitar novas demandas judiciais e auxiliar o Poder Judiciário, ao se concentrar apenas em demandas de gravidade maior. Dessa forma, a morosidade processual tende a ser reduzida ao criar acessos e métodos que satisfaçam os interesses da coletividade.

Nesse sentido, o conservadorismo inerente aos profissionais do Direito aliado à cultura do litígio não podem ser empecilho para a evolução de novas formas de acesso aos meios judiciais, em especial formas mais céleres de resolução de conflitos, independentemente de fontes jurídicas formais. Não tendo mais espaço para não observar o potencial das tecnologias envolvidas no trabalho com o Direito, como um campo emergente para os juristas brasileiros, mesmo que as pesquisas nessa área tenham se iniciado de forma tardia em nosso país.

Os métodos atuais de resolução de conflitos utilizados pelo Poder Judiciário prezam pela autotutela e autocomposição. Sua estrutura tradicional necessita repensar novas formas de solução de conflitos, a fim de desburocratizar seu organograma, pontuando a importância da interação do Direito, do Direito do consumidor, das novas tecnologias, a fim de apresentar novos caminhos para o fim de resolver demandas tradicionais pelo meio digital preferencialmente antes de buscar uma tutela jurisdicional. Por mais nobre e legítimo que seja seu papel, a popularização de sua utilização gera consequências que giram em torno do crescente processo erosivo que contribui com o distanciamento das diferentes camadas sociais no tocante à distribuição de recursos.

A obra aborda os aspectos da atual sociedade em rede sendo complexa, ambígua, incerta e volátil, realizando uma reflexão frente aos limites e possibilidades das novas tecnologias ao apropriar-se de ferramentas de resolução de conflitos oriundos das relações de consumo, tanto no ambiente adjudicatório tradicional quanto fora do âmbito do Poder Judiciário, compreendendo seu papel nos aspectos do acesso à justiça e demonstrando suas utilidades e eficiência na aplicação em resolução dos conflitos das relações consumeristas no meio digital.

Com essa visão, o livro é apresentado em capítulos. O primeiro discute conceitos de sociedade que influenciam a postura das empresas e dos consumidores, frente aos reflexos oriundos da sociedade de consumo e de suas relações. Trabalha aspectos do Estado de Direito em conjunto às novidades inseridas pelo neoconstitucionalismo e o advento do Código de Processo Civil de 2015. Este último traz as delimitações dos meios alternativos de resolução de conflitos e verifica a necessidade de adaptação do ordenamento jurídico. Frente às dinâmicas sociais e sua subdivisão que visam discutir e refletir a respeito do cenário de crise para o nascimento de um novo paradigma.

O segundo capítulo aborda características do Judiciário brasileiro e apresenta uma perspectiva de justiça e do acesso à justiça imbuída de características do novo Constitucionalismo. Nele, discute-se e observa-se o cenário do acesso à justiça frente ao aparato do judiciário, que costumeiramente é utilizado como sinônimo de acesso aos tribunais, e se existe a possibilidade de ser concebido para além desse conceito. É realizada uma abordagem dos aspectos relacionados aos instrumentos processuais utilizados para a garantia do princípio do acesso à justiça e instiga-se uma nova abordagem frente aos aspectos tecnológicos.

O terceiro capítulo apresenta os conceitos das estratégias do meio digital utilizadas na resolução de conflitos e observa estratégias já implementadas com o intuito de compreender e de realizar uma reflexão frente aos limites e possibilidades das novas tecnologias sendo utilizadas como ferramentas de resolução de conflitos. É apresentado como ponto de discussão os casos da plataforma eBay, importante por se tratar de uma empresa que desde sua fundação apresenta uma vocação transnacional, é pioneira nas transações comerciais on-line envolvendo consumidores de todo o mundo e destaca-se por ter iniciado um programa de resolução de conflitos dentro de sua própria plataforma, inovando nesse aspecto. Sendo que as estratégias utilizadas são tidas como parâmetros para todas as outras plataformas que surgiram posteriormente.

O caso Europeu apresenta-se vanguardista ao definir padrões dentre as diversas técnicas de solução de conflitos e alternativas disponíveis e volta seus esforços ao tratamento de disputas relacionadas aos consumidores. Destacando diversas normativas que fortalecem as iniciativas on-line de resolução e culminam na plataforma *European Commission*. Esta apresenta um ponto-chave na discussão das formas adequadas de resolução de conflitos on-line quando delimita os tipos de casos de consumidores que podem ser atendidos nessa plataforma. Em especial pelo fato de ponderar em legislação valores financeiros máximos das disputas que podem ser tratadas pelas ferramentas digitais com esse propósito.

Já o caso australiano trilha um caminho legislativo mais direto na iniciativa do uso de ferramentas de resolução on-line. As reformas nas leis introduziram a obrigatoriedade do uso das estratégias de mediação on-line em um primeiro momento no Direito de família em disputas especificas. Sua evolução aborda os aspectos de consumo, a exemplo do *Consumer Affairs Victoria* (CAV), que se utiliza de um ambiente híbrido de tratamento, com ferramentas digitais e analógicas para a solução dos casos de conflitos consumeristas.

O exemplo nacional é o caso da plataforma consumidor.gov.br, que busca potencializar as soluções de conflitos de consumo, com o auxílio de ferramentas digitais de forma pública e gratuita. Aspectos que viabilizam a discussão acerca das possibilidades de esses novos conhecimentos auxiliarem as tomadas de decisão do consumidor, das empresas e do próprio Estado.

A transdisciplinaridade desses casos apresenta diversas formas de se conduzir e aprimorar as resoluções de conflitos. Na incessante busca de maneiras mais ágeis e acessíveis para resolver os conflitos das mais variadas culturas, compreendendo seu papel nos aspectos de acesso à justiça.

# 1

# ADAPTABILIDADE DO DIREITO FRENTE ÀS DINÂMICAS SOCIAIS

Iniciar o diálogo sobre a sociedade implica observar autores que trabalham este conceito e que apresentam pontos de convergência ao aproximar características e nomenclaturas distintas.

Em alusão ao estudo de Shmuel Noah Eisenstadt[1], que apresenta o conceito de Modernidades Múltiplas, é possível o uso do termo múltiplas sociedades, que leva em consideração a compreensão do mundo atual. E se observa um processo contínuo de construção e reconstrução de diversos padrões institucionais, ideológicos e culturais.

Fatores que discutem perspectivas e características dessa modernidade e asseguram uma constante expansão das possibilidades de interpretações da vida política, econômica e social ao destacar que:

> Uma das características mais importantes da modernidade é simplesmente, mas de modo profundo, o seu potencial para a autocorrecção, a sua capacidade de enfrentar problemas nunca imaginados no seu programa original. Hoje em dia, os problemas mais importantes são provavelmente aqueles que se relacionam com o ambiente, com a igualdade entre sexos e os novos conflitos políticos e internacionais[2].

A construção moderna é considerada autômata, por este autor, permeada por incertezas, dependente dos relacionamentos sociais, interações humanas e padrões culturais. Oriunda de um sistema com símbolos, padrões, papéis e posições que buscam lidar com problemas, paradigmas e transformações das sociedades. Essa estrutura ideológica de múltiplas modernidades é transportada, para o entendimento das nomenclaturas utilizadas por autores, como Sociedade da Informação de Luís Manuel Borges Gouveia[3], em seu

---
[1] EISENSTADT, Noah Eisenstadt. Modernidades múltiplas. **Oeiras**, n. 35, 2001.
[2] *Ibidem*, p. 158.
[3] GOUVEIA, Luís Manuel Borges. **Sociedade da Informação**: Notas de contribuição para uma definição operacional. "n.p." 11 / 2004.

artigo: Sociedade da Informação: Notas de contribuição para uma definição operacional, a Sociedade em Rede de Manuel Castells[4]. Já Zygmunt Bauman[5] traz a Modernidade Liquida, junto à Sociedade de consumo de Gilles Lipovetsky[6], em Alan Bryman[7] a Disneyzação da Sociedade e a Sociedade de Risco de Ulrich Beck[8] e, atualmente, as ideias de Wayne E. Whiteman[9] destacam características de uma nova estrutura social.

Juntos, esses autores conduzem o entendimento de Múltiplas Sociedades como se fossem ondas rolando até as margens do lago, após uma pedra atirada ao centro – a pedra pode ser considerada a sociedade –, suas ondas, as diferentes visões apresentadas, suas margens a busca por respostas frente às diversas dificuldades a respeito dos limites, impactos e transformações oriundas da modernidade,

> Ao elucidar e descrever o caráter essencialmente moderno dos novos movimentos e identidades coletivas, desenhando percursos que de alguma forma ultrapassam o modelo clássico do estado, territorial, nacional ou revolucionário, não nos leva necessariamente a assumir uma visão otimista. Pelo contrário; as ramificações são de tal ordem que tornam evidente a fragilidade e mutabilidade de diferentes modernidades, bem como as forças destrutivas inerentes a certos programas modernos, que se revelam de forma mais vincada na ideologia da violência, do terror e da guerra[10].

A ideia de caracterizar aspectos da sociedade decorre da convicção de que haverá mudanças recorrentes. Ao buscar Heráclito, pensador grego, em um de seus fragmentos, ele diz: "você não consegue se banhar duas vezes no mesmo rio, pois outras águas e ainda outras sempre vão fluindo, é na mudança que as coisas acham repouso[11]". Apreende-se que apesar da aparência de repouso o rio está em constante movimento, em um fluxo de mutação aparente, interpretação daquela época, que com um olhar anacrônico pode ser aplicado a sociedade atual.

---

[4] CASTELLS, Manuel. **A Sociedade em Rede**. 19. ed. São Paulo/Rio de Janeiro: Paz e Terra, 2018a.
[5] BAUMAN, Zygmunt. **Vida líquida**. Rio de Janeiro: Jorge Zahar Ed., 2007.
[6] LIPOVETSKY, Gilles. **A felicidade paradoxal**: ensaio sobre a sociedade de hiperconsumo. tradução: Maria Lucia Machado. São Paulo: Companhia das Letras, 2007.
[7] BRYMAN, Alan. **A Disneyzação da Sociedade**. Tradução de Maria Silvia Mourao Netto. Aparecida/SP: ideias&Letras, 2007.
[8] BECK, Ulrich. **La sociedad del riesgo**. Buenos Aires, Paidós, 1998,
[9] WHITEMAN, Wayne E. (Lieutenant C). **Training and education army officers for the 21st Century**: Implicacions for the United States". 1998.
[10] EISENSTADT, 2001, p. 159.
[11] PEREIRA, Samuel. **Filosofia**: Heráclito e Parmênides. Cola da Web (online). 201X. s/p.

Essa constante mutação, teve seu crescimento acentuado na segunda metade do século XX. Com o advento criação dos computadores, silenciosamente mudaram em definitivo o cotidiano das pessoas e das organizações[12]. Devido à inclusão da tecnologia no meio digital, agrega os conhecimentos empíricos ou intuitivos e transforma as informações geradas, antes analógicas, agora em registros digitais processadas eletronicamente[13]. Essa mudança líquida de status amplifica a penetrabilidade da economia no universo digital, e em muitas esferas da atividade humana.

E sua constante interferência da noção de tempo apresenta a ideia de tempo virtual em contradição com o tempo real, ao mesmo tempo em que simplesmente caminha em paralelo, em uma espécie de entrelaçamento do universo digital em contraposição do universo real. Isso faz com que as relações se tornem cada vez mais efêmeras entre os sujeitos e objetos, objetos e objetos e sujeitos e sujeitos. Embora o sujeito em si, historicamente, tende a entender-se com outros sujeitos, e não necessariamente em todos os casos com o fim da compreensão, estes também buscam na intersubjetividade constituída de sujeitos lidarem com suas capacidades de linguagem e ação[14].

Essa estrutura social acaba por influir nas relações de poder entre os atores sociais, como Poder Judiciário e indivíduos que deste necessitam, influenciando no desenvolvimento para o futuro, que sem dúvida passa por discussões relacionadas ao novo paradigma tecnológico. Destaca-se que a informação é a principal característica encontrada no debate sobre o desenvolvimento, local ou global, em virtude do advento da internet[15].

A origem dessa estrutura complexa mediada pelo meio digital e pela tecnologia ubíqua[16] proporcionou uma enorme troca de dados e informações. Permitiu a expansão de inúmeras formas de gerar, propagar e divulgar informações, nas palavras de Fernando Motta, Karine Guelmann e Willian Castilho, a internet,

---

[12] ELEUTERIO, Marco Antonio Masoller. **Sistemas de informação gerenciais na atualidade.** Curitiba: Intersaberes, 2015. p. 20.
[13] LONGO, W. P.; **Conceitos básicos sobre ciência e tecnologia.** FINEP. 1996, v. 1. *passim.*
[14] LUDWIG, Celso Luiz. **Para Uma Filosofia Jurídica da Libertação:** Paradigmas da Filosofia, Filosofia da Libertação e Direito Alternativo. 2. ed. São Paulo: Conceito Editorial, 2011. p. 81.
[15] WERTHEIN, J; A sociedade da informação e seus desafios. Ci. Inf., v.29, n. 2, 2000. p. 71, 77.
[16] SANTAELLA, Lucia. Comunicação ubíqua: Repercussões na cultura e na educação. São Paulo: Paulus. 2013. Entende-se por comunicação ubíqua a coordenação de dispositivos inteligentes que promove o acesso imediato a informação, visando aumentar a capacidade humana.

> É conhecida como sendo uma rede internacional de computadores interconectados que permite a seus usuários intercâmbio célere e dinâmico de conteúdo, mas é necessário frisar que esta é apenas uma das facetas da sociedade que se delineou no ambiente técnico Universal que tem como base a digitalização. O surgimento da era digital trouxe há necessidade de uma análise pontual de aspectos relevantes que marcam esse novo meio que invade a vida social. Os próprios benefícios trazidos pela tecnologia fazem com que os indivíduos dela se tornem mais dependentes e, consequentemente, mais vulneráveis as suas falhas e inseguranças[17].

Desta atribuição abstrai-se o conhecimento de diversas mudanças, a qual reflete nos aspectos sociais na contemporaneidade, sendo que muitas destas transformações são capitalizadas de novas tecnologias, no paradigma de sociedade estabelecido. Com efeito, a produção, propagação e divulgação de conhecimento por meio da informação[18], Luís Manuel Borges Gouveia descreve,

> Uma sociedade e uma economia que faz o melhor uso possível das tecnologias de informação e comunicação no sentido de lidar com a informação, o que envolve a aquisição, o armazenamento, o processamento e a distribuição da informação por meios eletrônicos, como a rádio, a televisão, telefones, computadores, entre outros. Estas tecnologias não transformam a sociedade por si só, mas são tomadas pelas pessoas que a utilizam como elemento central de toda a atividade humana, as pessoas aproveitam as vantagens das tecnologias em todos os aspectos das suas vidas, em seus contextos sociais, econômicos e políticos, criando uma nova comunidade local e global[19].

Essa comunidade imbuída da tecnologia ubíqua tende a amplificar as tendências inerentes às estruturas sociais e de suas instituições[20]. Atrelada aos presentes conceitos, a sociedade em rede faz uso do poder da tecnologia, das redes digitais, da comunicação e permite atividades e processos, e tomadas de decisão nas diferentes esferas político-sociais, tanto nos movimentos sociais e econômicos quanto na estrutura política decisória hoje mais rápida, apenas com um clique.

---

[17] MOTTA, F. P.; GUELMANN, K. R.; CASTILHO, W. M.; Reflexões sobre o Direito do Consumidor e a Internet. *In:* Repensando o Direito do Consumidor: 15 anos do CDC. v. 1. OAB/PR. 2005. p. 242.
[18] ANTUNES, Ana. **Fontes de Informação Sociológica**: Sociedade Informação. Coimbra, 2008. p. 3.
[19] GOUVEIA, Luís Manuel Borges. **Sociedade da Informação**: Notas de contribuição para uma definição operacional. 2004, "online".
[20] CASTELLS, Manuel. **O Poder da Identidade**: era da informação. 9. ed. 2018. v. 2, p. 405.

Isso se dá em virtude do cenário de incessante busca por mais velocidade, em que se destaca os aspectos da hiperconectividade, trazida por Lipovetsky, como uma interrelação de acesso e consumo, a qual contribui para o surgimento da chamada cibercultura[21], que vem a ser definida pela celeridade das informações e das dinâmicas sociais. Tal cenário, junto aos aspectos que demandam atenção dos produtores jurídicos, orienta à adaptação do Direito aos aspectos dessa nova realidade multifacetada, ao possibilitar a interpretação, da forma de prestação da tutela jurisdicional e necessidade de adaptação. Ao alterar as rotinas diárias[22] e identificar a existência, não pode se limitar a reconhecer tão somente o fato social revestido legalmente, mas atuar de maneira a determinar e orientar[23] os indivíduos em sociedade é função do Direito.

Ao inserir as inovações tecnológicas e a ubiquidade, a essa nova relação social. É que o processo judicial se torna digital e eletrônico, e promete tornar o processo mais célere, econômico e eficiente. No entanto, apesar das aparentes vantagens da digitalização dos procedimentos judiciais, observa-se carência em tal fenômeno em suas diversas áreas. Discutir e se adequar a exigências constitucionais de matriz processual, a exemplo da celeridade e do acesso à justiça, se faz necessário. Ao mesmo tempo em que a digitalização do processo judicial contribui em sua maioria para um adequado acesso à justiça, tal intento carece de outros atributos[24].

A evolução tecnológica influencia a mudança desses conceitos e comportamentos. As novas tecnologias, os novos mercados, as novas mídias, os novos consumidores transformam o mundo em uma única sociedade globalizada, porém o homem continua sendo o mesmo. É prioritário ao Direito adaptar-se a essa realidade, em que o indivíduo não perde sua individualidade, suas aspirações, sua luta em defesa de seus direitos[25].

---

[21] Cibercultura: tem origem no chamado ciberespaço, que especifica não apenas a infraestrutura material da comunicação digital, como também o universo oceânico de informação que abriga, assim como os seres humanos que navegam e alimentam esse universo e especifica o conjunto de técnicas, materiais e ou intelectuais, de práticas, de atitudes, de modos de pensamento e de valores que se desenvolvem juntamente com o crescimento do ciberespaço (LÉVY, Pierre. **Cibercultura**. 1999, p. 17).

[22] ANDRADE, Henrique dos Santos. Os novos meios alternativos ao judiciário para a solução de conflito, apoiados pelas tecnologias da informação e comunicação. **Rev. de Processo**, v. 268, 2017. p. 15.

[23] MOTTA *et al.*, 2005. p. 253.

[24] SALDANHA; Alexandre Henrique Tavares; MEDEIROS; Pablo Diego Veras. Processo Judicial Eletrônico e Inclusão Digital Para Acesso à Justiça na Sociedade da Informação. **Revista de Processo**. v. 277, 2018. p. 2.

[25] BORGES, M.A.G.; A compreensão da sociedade da informação. **Ci. Inf.**, v. 29, n. 3, 2000. p. 29.

As ferramentas do meio digital atingem muitos destinatários. Troca de dados em tempo real, teleconferências, *chats*, telechamadas, videochamadas, *e-mails*, aplicativos de mensagens[26] são atributos dessa volatilidade. Ao se pensar em formas menos burocráticas, é possível usar o potencial tecnológico e aproveitar essas ferramentas por completo no auxílio da pacificação social e nas soluções alternativas de conflitos ao serem empregadas como facilitadoras. Sem as formalidades e exigências presentes no processo jurisdicional, a aplicação de alternativas ao ingresso em juízo com uso dos meios tecnológicos como ferramenta de pacificação social torna-se cada vez mais possível e viável[27] sua aplicabilidade.

É objeto central de ordenamento possibilitar que o juiz julgador se socorra na referência legislativa vigente, uma vantagem de oportunizar um expediente célere, rápido e efetivo, que culmine na resolução do caso que lhe foi submetido, utilizando-se das técnicas e ferramentas presentes disponíveis no alicerce digital. Com isso, se questiona se tamanha velocidade e evolução das tecnologias, aplicadas às estratégias complementares ao sistema jurídico, ainda permanecem inertes em certos ambientes do Poder Judiciário?

Assim, pondera se o questionamento levantado pode vir a contribuir para uma série de consequências positivas, quanto ao desafogamento do número de processos no judiciário e sua constante relutância na sociedade atual. A busca por ampliar as possibilidades de uso dos recursos tecnológicos nas mais variadas relações interpessoais não encerra a responsabilidade e dever do estado de proteção e de garantir os direitos da sociedade, mas tal intento tende propiciar a agilização das respostas jurisdicionais, bem como implementar um meio alternativo na solução de conflitos.

Ao aplicar as inúmeras ramificações das tecnologias de informação e comunicação, cria-se um fluxo de relacionamento e há necessidade de enfrentar desafios peculiares. Então, as novas formas de interação visam oferecer diante das situações inerentes às questões de ordem socioeconômica um outro olhar à expressão das formas extrajudiciais de solução de conflitos que carecem de novos propulsores.

Qualquer abordagem que se realize, invariavelmente irá desembocar nas aflições, afetando o cotidiano dos cidadãos, pois a sociedade convive constantemente com mutações sociais que cada vez mais demandam tempo. Esse constructo coaduna em um cenário de insatisfação e desconfiança, afir-

---

[26] ANDRADE, 2017, p. 12.
[27] ANDRADE, 2017, p. 15.

mada como uma das variáveis de um estado de crise. Ou seja, uma grave crise de asfixia das estruturas da tríade (Poder Legislativo, Judiciário e Executivo) estatal e das relações envolvendo o mercado global e os "consumidores"[28].

A estrutura social está ávida pelo sempre mais, mais velocidade, mais mobilidade, mais interação, mais conectividade e mais consumo. Estrutura que passa e passará por recorrentes discussões relacionadas a uma nova realidade tecnológica, inovações técnicas e novas formas de aprendizagem, de otimização do tempo, de mais mobilidade como partes integrantes da vida diária dos grandes centros urbanos do mundo, e são inseridas paulatinamente no debate sobre o desenvolvimento, local e global[29].

A internet é uma questão complexa que vem impactando, ano após ano, as estratégias de Estados, empresas e organizações, com reflexos na formação do Poder e em seu exercício. Visto que a organização, enquanto fonte de Poder, precisa lidar com esse ambiente, os métodos de intercomunicação praticados devem acompanhar o ritmo de produção e consumo de informação. Percebendo-se como parte estratégica de posicionamento competitivo, e não apenas como mais uma modernidade, mas uma nova solução para os antigos sistemas[30].

No mundo globalizado, as tecnologias de informação e comunicação representam a principal força motriz dessa sociedade em rede. A capacidade de conectar pessoas, coisas e sistemas por meio da interação de computadores, *software e gadgets* nas redes de comunicação faz surgir uma engrenagem complexa e em constante evolução[31]. Seus impactos no fluxo social em âmbito geral carregam termos e conceitos, novos e/ou revisitados, aspectos relacionados a uma nova forma de sociedade, chamada de V.U.C.A.

O termo V.U.C.A. surge de estudos realizados pelo exército americano em meados dos anos 90 com o intuito de reproduzir os cenários instáveis enfrentados nos campos de batalhas, como do Golfo, do Iraque e do Afeganistão, em razão da constatação da ineficiência das táticas utilizadas. Nas palavras de Wayne E. Whiteman[32], situações que descrevem e desafiam qualquer diagnóstico, tornando-se necessário estruturar as organizações de maneira a atender aos desafios presentes nessas situações.

---

[28] Quando usada a expressão "consumidor" entre aspas, é no entendimento dado por CAPPELLETTI, sendo estes os consumidores das políticas públicas, da Justiça, dos aparatos do Estado, bem como consumidores de uma sociedade global.
[29] WERTHEIN, 2000, p. 71, 77.
[30] SILVEIRA, H.F.R. Um estudo do poder na sociedade da informação. **Ci. Inf.**, v. 29, n. 3, 2000. p. 84.
[31] ELEUTERIO, 2015, p. 22, 23.
[32] WHITEMAN, Wayne E.; **Training and education army officers for the 21st Century**: Implicacions for the United States". 1998.

A sigla é um acrônimo dos termos *Volatility, Uncertainty, Complexity, Ambiguity*, que em português se refere à volatilidade, incerteza, complexidade e ambiguidade. Apresenta-se como volatilidade: o volume de mudanças e a velocidade que ocorrem torna difícil prever cenários; incerteza: cada vez mais complexo explicar o mundo atual de uma maneira linear; complexidade: busca ampliar seu conceito por meio dos fatores de conectividade e a interdependência; ambiguidade: formas diversas de interpretar e analisar os contextos complexos, dando suporte a essas múltiplas modernidades. Diferentes modos, cada vez mais diversos, para o fim de explicar os fenômenos que ocorrem na sociedade que recentemente encontrou abrigo no mundo dos negócios, do comercio e das organizações[33].

Recordando esse contexto, Wayne E. Whiteman diz que,

> A glimpse of the future. the world is facing a fundamental shift unparalleled for 400 years. the last time such rapid and radical change took place was during the move from the medieval era to the industrial age. the current shift from the industrial age to the information age may be as dramatic, if not more so. accurate predictions of this new era are difficult at best and fraught with uncertainty. this implies we need an adaptable and flexible military. leaders will need to deal with complex issues and accept nontraditional roles[34].

Principalmente pelo estágio de alta flexibilidade e imprevisibilidade dos adversários, o exército americano, frente à crise, engaja-se em criar táticas e estratégias condizentes com os anseios da época, Wayne E. Whiteman continua ao apresentar esses novos desafios,

> I contend that many issues in this new Information era will have extreme relevancy to the way we train and educate young officers at the United States Military Academy. I divide these issues into two main categories. The first is the "hardware" components of the "system of life," or the environment in which we will live. These include science, technology, and energy sources, along with population and environmental concerns. Next, our 21st century military must deal with

---

[33] BENNETT, N; LEMOINE, J. What V.U.C.A.. **Really Means for You**, v. 92, n.1/2, 2014. s/p.
[34] Tradução livre: "Um vislumbre do futuro, o mundo está enfrentando uma mudança fundamental sem paralelo há 400 anos. A última vez que tal rápida e radical mudança teve lugar, foi durante o movimento de mudança da Era medieval para a Era Industrial. Embora a atual mudança da Era Industrial para a Era da Informação pode ser tão dramática quanto a anterior. As previsões desta nova Era são difíceis e repletas de incertezas. O que implica na necessidade de um exército adaptável e flexível. Principalmente de Líderes com capacidades de lidar com as complexas questões e de aceitar que os tradicionais papéis já não são mais suficientes." (WHITEMAN, 1998, p. 2).

human relations and interactions in that environment. These are the "software" components of the "system of life," which raise socioeconomic and political issues[35].

Utilizadas para expressar a complexidade da sociedade contemporânea, em virtude da alta interconexão, interdependência e globalização, as palavras que caracterizam o V.U.C.A. distinguem situações que apresentavam o mínimo de impacto nas relações de consumo, que neste momento reflete a sociedade atual e descreve um cenário emergente de desafios, exigindo que planejem sua gestão de riscos e se preparem para enfrentar relações altamente dinâmicas na capacidade de se reinventar.

## 1.1 CARACTERÍSTICAS DO V.U.C.A.

Diante deste cenário, a seguir faz-se necessário demonstrar as especificidades de cada um dos termos que compõem o acrônimo. Para embasar as análises e discussões que surgem a todo instante e, assim, estabelecer um melhor direcionamento para o fim de compreender os reflexos na vida cotidiana.

### a) Aspectos da Volatilidade (*volatility*)

A característica da volatilidade representa os desafios inesperados ou instáveis que podem ter duração desconhecidas, oriundos de uma estrutura de sociedade atual, com suas experiências frequentemente influenciadas pela revolução tecnológica. Ao compreender a natureza, a dinâmica, a velocidade e os catalisadores destas mudanças apresentam-se como uns dos desafios ao enfrentar a volatilidade, apesar de o conhecimento sobre o assunto estar frequentemente disponível[36].

As relações sociais, segundo Celso Ludwig, deveriam ser espontâneas, moldadas por processos de intercompreensão dos indivíduos em relação ao

---

[35] Tradução livre: "Muitos problemas nesta nova era da informação terão extrema relevância na maneira como treinamos e educamos jovens oficiais da Academia Militar dos Estados Unidos. Divido essas questões em duas categorias principais. O primeiro são os componentes de "hardware" do "sistema da vida" ou o ambiente em que viveremos. Isso inclui fontes de ciência, tecnologia e energia, além de preocupações com a população e o meio ambiente. Em seguida, nossas forças armadas do século XXI devem lidar com as relações e interações humanas nesse ambiente. Esses são os componentes de "software" do "sistema da vida", que levantam questões socioeconômicas e políticas." (WHITEMAN, 1998, p. 2, 3).

[36] BENNETT, LEMOINE, 2014, s/p.

mundo objetivo, mundo social e o mundo interior[37]. Entretanto, a interação direta com a tecnologia vem transformando a sociedade a taxas sem precedentes, interferindo nessa dinâmica, de forma que o efeito social da internet e da web em todos os domínios da experiência humana carrega um viés de facilitação para construção da autonomia individual em face das instituições e organizações[38], mas também conduz há um maior distanciamento dessas instituições.

A aceleração da mudança dos comportamentos sociais é tendência na sua construção e influencia as reações e ações de cada indivíduo, que com base em situações específicas, responde de maneira diferente. As situações individuais, devido a sugestões sociais ou ambientais, são alimentadas pela velocidade de mudanças irreversíveis. Em contrapartida, a maneira como essas tendências vão se encarnar e repercutir na vida econômica, política e social permanece indeterminada, tendo inquietudes que fazem parte das análises para tomadas de decisões daqui para frente[39].

No meio digital, os prazos para as etapas do planejamento estão entrando em colapso rapidamente[40], tudo muda o tempo todo, como uma velocidade absurdamente grande, ainda com impactos que se desconhece. Todas essas mudanças não fazem mais que ampliar a mercantilização dos modos de vida. Antes do advento da internet só era possível de acordo com o grau de capacidade de produção física dos bens em geral e do alcance de sua divulgação, e com a constante mutação ocorrida no meio de vida. O que só fez alimentar um pouco a lógica de mercado que se observa: a do sempre mais, sempre novo, o que antes era necessário um enorme esforço de planejamento financeiro, físico e de pessoal, nos dias atuais esses esforços são reduzidos a um clique. Em contrapartida, o alcance de divulgação cresce exponencialmente e no último meio século já se concretizou como sucesso que se conhece, e é nesses termos que ampliação do uso da tecnologia deve ser pensada[41].

Vive-se um tempo dos objetos, o ritmo da sociedade é traçado segundo a conformidade e a sucessão destes. Atualmente os indivíduos é que acompanham o nascer, a produção e o descarte, ao passo que em todas as outras civilizações anteriores eram os objetos que sobreviviam às gerações humanas[42].

---

[37] LUDWIG, 2011, p. 90.
[38] CASTELLS, Manuel. **O Poder da Comunicação**. 3. ed. SP/RJ: Paz e Terra, 2019. p. 38.
[39] LÉVY, Pierre. **Cibercultura**. São Paulo: Ed. 34, 264p. 1999. p. 203.
[40] WHITEMAN, 1998, p. 13.
[41] LIPOVETSKY, 2007, p. 25.
[42] BAUDRILLARD, Jean. "**A sociedade de consumo**". 2. ed. São Paulo: Edições 70, 1995. p. 15.

Como é possível observar no Quadro 1, que apresenta o tempo que cada produto ou tecnologia levou para alcançar a marca de 50 milhões de usuários.

Quadro 1 – Tempo em anos, para alcançar 50 milhões de usuários

| Objeto/produto | Tempo | Objeto/produto | Tempo |
| --- | --- | --- | --- |
| Avião | 64 anos | Computador | 14 anos |
| Automóvel | 62 anos | Celular | 12 anos |
| Telefone | 50 anos | Internet | 7 anos |
| Eletricidade | 46 anos | Facebook | 4 anos |
| Rádio | 38 anos | WeChat | 1 ano |
| Cartão de crédito | 28 anos | Twitter | 9 meses |
| Televisão | 22 anos | Instagram | 6 meses |
| Caixa eletrônico | 18 anos | Pokemon Go | 19 dias |

Fonte: Desjardins (2018)[43]

Em um primeiro momento, os produtos levaram mais tempo para alcançar o número de usuários do ponto de corte, como exemplo da televisão, muito provavelmente pelos altos valores de investimento que eram necessários, em estrutura física, força de trabalho, estoque, divulgação, publicidade em massa; em contrapartida, o Pokémon *Go* levou apenas 19 dias para atingir o ponto de corte, o que demonstra a velocidade e alcance de sua propagação, com custos bem menores, de produção e divulgação. Isso reforça ainda mais a volatilidade desta era, uma era de modernidade líquida, de velocidade incalculável, que ao que parece tudo escorre entre os dedos, como bem descreve Zygmunt Bauman,

> O que realmente conta é apenas a volatilidade, a temporalidade interna de todos os compromissos; isso conta mais do que o próprio compromisso, que de qualquer forma não se permite ultrapassar o tempo necessário para o consumo do objeto do desejo, ou melhor, o tempo suficiente para desaparecer a conveniência do objeto[44].

---

[43] DESJARDINS, J. **How Long Does It Take to Hit 50 Million Users?** Visual Capitalist. 2018.
[44] BAUMAN, Zygmunt. **Globalização**: as consequências humanas. Rio de Janeiro: Jorge Zahar Ed., 1999. p. 79.

Não só o tempo para o consumo é curto, como os preços são influenciados rapidamente por essa característica volátil, percebe-se, por exemplo, que após um desastre natural ou outro acontecimento que interfira na comunicação, ocorre uma oscilação de preços, por vezes incompreensíveis, e embora os mercados se utilizem de estratégias que dedicam recursos para tais situações, por vezes não se apresentam suficientes, a previsão de risco futuro necessita de investimentos pesados, o que pode inviabilizar um negócio[45].

O termo volatilidade do mundo V.U.C.A. representa o ciclo constante e acelerado de mudanças e impactos no modo de vida da sociedade, nada é permanente, nem as tecnologias, nem os gostos e desejos de consumidores, nem as próprias certezas, o que era ontem já não deverá ser hoje, tudo e todos podem ser considerados efêmeros, interinos, móveis, instáveis.

### b) Aspectos da Incerteza (*uncertainty*)

O mundo enfrenta uma mudança de paradigma ao entrar em contato com as potencialidades do V.U.C.A. fortemente caracterizada por mudanças rápidas, em uma realidade em que nem tudo é tão simples quanto se aparenta, e cada vez mais pessoas e objetos estão interligados e interconectados; é possível fazer uma analogia ao efeito borboleta[46], que consiste em dizer que enquanto uma borboleta bate as asas no continente americano, um terremoto ocorre no Japão. Esse efeito encontra espaço em qualquer sistema dinâmico, complexo, incerto e adaptativo, ou seja, um dos desafios que se apresenta é o de como descobrir, entender e identificar quais as habilidades necessárias para enfrentar essa nova realidade de interdependência e relações das coisas[47].

Em especial razão pelos inúmeros saberes considerados válidos oficialmente que estão disponíveis, mas que representam uma minoria ínfima daqueles constantemente abordados, o que torna cada vez mais complexo explicar o mundo atual de uma maneira linear, continua[48]; e a incerteza, normalmente surge em ambientes voláteis, como o chamado ciberespaço, que é o novo meio de comunicação que surge da interconexão mundial de computadores. Um sistema complexo em sua estrutura, de disponibilidade e previsibilidade de informações desconhecidas, que abriga uma dimensão

---

[45] BENNETT; LEMOINE, 2014, s/p.
[46] Efeito analisado por Edward Lorenz em 1963, em seus estudos acerca da Teoria do Caos.
[47] WHITEMAN, 1998, p. 1.
[48] LÉVY, Pierre. **O que é o virtual?** 2. Ed. São Paulo: Editora 34. 2011. p. 30.

de informações, explorado e alimentado pelas complexidades humanas que habitam esse universo[49].

As características da incerteza se apresentam em eventos nos quais as causas e os efeitos iniciais são conhecidos, embora o acesso à informação específica seja limitada, ou até inexistente, as dúvidas, imprecisões e indecisões tornam-se mais aparentes[50]. Há uma busca constante de aperfeiçoamento das estratégias existentes, da transformação de pensamentos e atitudes na velocidade de evolução do ciberespaço[51], e contrastar-se com a enorme perspectiva de surpresas e mudanças em conjunto com a falta de previsibilidade, que dificultam os planejamentos e contribuem para um ambiente incerto.

Até o fim do século XX, o lançamento de um produto pendente ou de uma concorrente não seria empecilho para a empresa que o lançaria, era possível observar o fluxo nos mercados passados e estabelecer uma previsão para os caminhos do novo produto; no V.U.C.A., a incerteza neblina o futuro, não se pode saber ao certo quais os próximos passos e para quais trilhas estes vão direcionar[52].

Observar-se que a tecnologia e as relações técnicas de produção difundem-se por todo o conjunto de relações e estruturas sociais, alcançando as experiências dos indivíduos e modificando-as, o que torna a imprevisibilidade do futuro ainda mais nítida. Dessa forma, os modos de desenvolvimento moderam toda a esfera de comportamento social[53], inclusive das empresas que demoram a tomar decisões estratégicas, por não ser possível apresentar uma previsão das coisas.

Os aspectos da incerteza ampliam a necessidade do investimento em informação, coleta e interpretação dos dados, além de suscitar a importância de se compartilhar tais informações, como forma de iniciar um enfrentamento das incertezas, para se adaptarem às novas estruturas e adicionar redes de analises de informações, a fim de reduzir os impactos oriundos da incerteza[54], pode ser considerada um dos caminhos para a vida no mundo V.U.C.A.

---

[49] LÉVY, 1999, p. 16.
[50] BENNETT, LEMOINE, 2014, s/p.
[51] LÉVY, 1999, p. 17.
[52] BENNETT; LEMOINE, 2014, s/p.
[53] CASTELLS, 2018a, p. 75.
[54] BENNETT, LEMOINE, 2014, s/p.

## c) Aspectos da Complexidade (*complexity*)

O termo sociedade carrega por si só uma complexidade, seus aspectos construídos durante o passar dos séculos caracterizam-se por indivíduos isolados e não associados e que se comportavam segundo suas paixões, instintos e interesses e que abriam mão de parte de suas individualidades para viver em união, numa vida conforme regras racionais[55].

Nada é mais comum do que a ideia de que o homem é um ser social, e não uma máquina regulada por um mecanismo. Entretanto, em sua totalidade, necessita relacionar-se com o mundo, independentemente da forma[56], e nesse aspecto a nova morfologia social oriunda das tecnologias fornece a base material para sua expansão, e é importante lembrar que a ideia de conexão, de relação entre os indivíduos, já era conhecida, mas a complexidade e velocidade que se apresentam atualmente são o ponto de inflexão[57].

A transformação mais importante na comunicação nos últimos anos foi a transição da comunicação de massa para a intercomunicação individual[58], qualquer modo de organização social, bem como qualquer processo de grande mudança tecnológica, gera sua própria mitologia[59]. No caso específico, a complexidade e compreender o que se insere nessa complexidade serão fundamentais para o sucesso[60], e diante de níveis extraordinários de complexidade e interdependência, observa-se as fontes tradicionais se corroerem[61].

A situação possui muitas partes e variáveis interconectadas[62], a complexidade e interdependência podem em breve fazer com que se enfrentem novos desafios[63], há inúmeras forças e questões envolvidas, mas não se reconhece nenhuma cadeia de causa e efeito, as informações estão disponíveis ou até mesmo podem ser previstas, mas o volume ou a natureza delas podem ser difíceis de processar[64]. Há uma multiplicidade de canais de ação e caminhos estratégicos que dificultam a percepção social no mundo real e afetam a categorização social, tanto dos consumidores quanto das empresas[65].

---

[55] LUDWIG, 2011, p. 69.
[56] FROMM, Erich. **Psicanálise da Sociedade Contemporânea**. São Paulo: Círculo do livro, 1955, *passim*.
[57] CASTELLS, 2018a, p. 553.
[58] CASTELLS, 2019, p. 29.
[59] *Ibidem*, p. 38.
[60] WHITEMAN, 1998, p. 9.
[61] *Ibidem*, p. 14, 15.
[62] BENNETT; LEMOINE, 2014, s/p.
[63] WHITEMAN, 1998, p. 15.
[64] BENNETT, LEMOINE, 2014, s/p.
[65] WHITEMAN, 1998, p. 15.

É a dificuldade de compreender o resultado das interações de inúmeras variáveis de uma determinada situação que torna sua análise confusa, as respostas para cada parte do mundo que se interage são diferentes, os negócios são feitos em inúmeros países, todos com ambientes regulatórios, tarifas e valores culturais exclusivos. Realizar uma reestruturação, contratar ou desenvolver especialistas para que criem recursos adequados, apresenta-se como uma possibilidade, mas não torna os resultados obtidos corretos, e sim novas estratégias para lidar com a complexidade[66], que envolvem os mais diversos fatores internos e externos das atividades desenvolvidas.

### d) Aspectos da Ambiguidade (*ambiguity*)

A maioria das situações na sociedade atual apresenta diversas possibilidades de sentido, consiste na apresentação de sentido interpretável de diferentes modos, variadas respostas para uma única questão, entretanto, compreender o resultado e/ou descobrir qual o verdadeiro pensamento[67] é tarefa árdua.

O principal ponto dessa característica decorre das inúmeras interpretações e questões de extrema relevância para o sistema de vida ou ambiente em que se vive, o que inclui fontes de ciência, tecnologia e energia, além de preocupações com a população e o meio ambiente e as relações e interações humanas que levantam questões socioeconômicas e políticas[68].

O fluxo de globalização constante transforma o acúmulo e acesso à informação em uma arma, o que leva os Estados, global ou local, sempre estarem envolvidos em possíveis embates de informação[69], e com o aumento da interação dos indivíduos a nível global pode vir a ocorrer mudanças significativas na população[70] relacionadas às questões de identidade, da forma de pensamento individual, na visão de um novo Ser, dos saberes intelectuais coletivos, não se contentando mais em coexistir[71]; apresenta-se como uma estranha mistura de forças aparentemente contraditórias, a similaridade e a homogeneização por um lado e, por outro, a afirmação e a imposição das

---

[66] BENNETT, LEMOINE, 2014, s/p.
[67] NASCENTES, Antenor. **Dicionário de sinônimos**. 4. ed. Rio de janeiro: Lexikon, 2011. p. 75.
[68] WHITEMAN, 1998, p. 2.
[69] ANTOUN, Henrique. **A Multidão e o Futuro da Democracia na Cibercultura**. Apresentado no XI Encontro Anual da Compós, Rio de Janeiro, 2002. v. 1, p. 17.
[70] WHITEMAN, 1998, p. 6, 7.
[71] LÉVY, 2011, p. 189

diferenças, a singularidade, ou que se poderia chamar de heterogeneização[72] pode, enfim, vir a desafiar a própria existência de Estados-Nação, corroendo as fronteiras internacionais[73].

Diante disso, a dicotomia apresentada pela ambiguidade extrapola qualquer padronização ou polarização conhecida, embora nesse ponto até a dicotomia já não serve mais para esclarecer os pontos ambíguos, vide o Facebook, que anunciou para o seu site em inglês mais de 52 opções de gêneros para que o usuário escolha ao preencher seu perfil[74], indo além do padrão homem/mulher. O que só reforça a importante influência dessa característica na sociedade, as relações de causa e efeito não são totalmente claras, não existem precedentes, como muito bem apregoam Nathan Bennett e James Lemoine, ao observarem que se enfrentam incógnitas desconhecidas, e a existência de tantas incertezas aliadas à falta de clareza no mundo V.U.C.A. dificultam ainda mais compreender as causa e efeitos, para o fim de gerar hipóteses e testá-las na busca de melhores soluções[75].

É possível dizer que o mundo V.U.C.A. desestabiliza as soluções oriundas do século XX e escancara sua ineficiência para o momento atual, exigindo de todos os atores da sociedade abordagens mais criativas, céleres e inovadoras. Trata-se de uma instável relação entre o que se conhece e o que se pode descobrir com o que se tem, ou seja, o mundo V.U.C.A. é orbitado pela necessidade de informação, que passa a ser enxergada como uma mercadoria importante na nova Era, e esse aumento no grau de importância e de valorização da informação ocorre principalmente pelo surgimento de novos métodos de coleta, manipulação e armazenamento de dados, a enorme quantidade gerada torna a análise destes um dos grandes desafios impostos pela ambiguidade[76].

Há uma espécie de inteligibilidade da realidade, com maior dificuldade de se interpretar os significados, bem como um enorme potencial de se confundir as causas e os efeitos dos fatos. Os "consumidores" têm um acesso incalculável a inúmeras fontes de informações, mas as interpretações dadas apresentam-se sem sentido, e por mais que exista um arcabouço de dados, ainda assim o desconhecimento do desconhecido é o que se tem de enfrentar, situação que amplifica o comportamento ambíguo.

---

[72] BRYMAN, Alan. **A Disneyzação da Sociedade**. Aparecida: Ideias & Letras, 2007. p. 231.
[73] WHITEMAN, 1998, p. 6, 7
[74] CARRERA, I. As 52 opções de identidade sexual no Facebook. **Revista Época**, 2014. s/p.
[75] BENNETT, LEMOINE, 2014, s/p.
[76] WHITEMAN, 1998, p. 3.

A mudança é onipresente, a era da informação oferece enormes implicações, e superar os desafios requer de todos os atores envolvidos flexibilidade para se adaptar aos novos cenários, reinventar-se diante de um contexto volátil e em cenários complexos e imprevisíveis[77], e sabendo que as situações podem ser alteradas sem anuncio prévio, e os saberes e conhecimentos de hoje podem ficar obsoletos no amanhã.

Importante destacar que os aspectos da ambiguidade e da incerteza podem ser considerados inversamente proporcionais. Em resumo, na ambiguidade prevalece o acesso a uma enorme fonte de informação, entretanto o que essas informações representam é totalmente desconhecido, já na incerteza os eventos e consequências são conhecidos, mas as informações disponíveis ou previsíveis não se encontram nebulosas, desconhecidas, imperceptíveis. Este relato torna-se pertinente por se tratar de duas características muito similares em sua base conceitual, mas com desdobramentos diversos.

## 1.2 SOCIEDADE DE CONSUMO

Caracteriza-se com uma sociedade global e sofre processo de transição, pautado pelo acúmulo de conhecimento, para uma perspectiva de consumo[78], pelo qual se obtém os produtos para serem consumidos, na busca eterna de satisfação das necessidades e desejos. Desse frenético movimento de consumo cresce a necessidade de impor a vontade de uns perante os outros, para criar uma nova necessidade, uma nova dependência, um novo prazer, a fim de manter engrenagem de consumo e dominar as estruturas de mercado[79].

As transformações observadas na sociedade nos últimos anos, como as grandes transações de mercado, operadas pelas grandes empresas, as novas características de acumulação de capital, os meios de comunicação de massa, as técnicas agressivas de marketing e a busca da felicidade pela aquisição de bens são características da sociedade em que se vive[80].

Atender às necessidades individuais adquiriu enorme importância para esse novo consumidor, que vive, até então, em um cenário de raridade, de constantes mutações sociais e comerciais. Deparou-se com abundância

---

[77] WHITEMAN, 1998, p. 8.
[78] BAUMAN, 2007, p. 110,118.
[79] FROMM, 1955, p. 127.
[80] BAGGIO, A.C; DUARTE, S.; KUTEN, C. E. **Sociedade de massas e jurisdição**: O processo civil em transformação e o StareDecisis. Curitiba: Ius Gentium, 2014. v. 9. p. 71.

de produtos e facilidades de aquisição[81]. Em outras palavras, o indivíduo desprotegido é levado a consumir, induzido a acatar novos valores, hábitos e padrões de conduta, norteando sua existência pela incessante necessidade de acumulação de bens e serviços[82].

Essas características que envolvem o Ser consumidor incitam a criação de uma classificação para o fenômeno, e que posteriormente é chamada de sociedade de consumo, expressão que surge em meados dos anos de 1920, e ganha maior repercussão por volta dos anos de 1950 e 1960 e é consolidada até os dias atuais. Sua estrutura dá um novo enfoque à ordem econômica e à vida cotidiana do consumidor em sociedade[83], notadamente calcada pelo crescente consumo, potencializado pelo aumento da atividade comercial, para manter a circulação de capitais e garantir geração de lucro e riqueza[84].

O termo foi cunhado no advento da Revolução Industrial, na passagem de uma sociedade industrial capitalista para uma sociedade de consumo, caracterizada no fim do século XIX com o grande crescimento mercantil desencadeada pela segunda fase da Revolução Industrial, tendo como símbolo principal o fenômeno conhecido como Fordismo, advindo das ideias de Henry Ford, que instalou o sistema de linhas de montagem e gestão, para uma racionalização da produção baseada nas inovações técnicas organizacionais. O intuito era baratear os custos dos automóveis com a implementação de princípios de padronização, simplificação e verticalização das fábricas, institui o ideal de produção em massa, o que rapidamente se expandiu para outros setores da indústria, consolidando o processo de uma forma de produzir, vender e consumir em escala mais ampla, mudando a relação do consumidor e a necessidade de adquirir os bens[85].

Acompanhado da evolução Fordista e das mudanças de comportamento dos consumidores, surge no Japão a teoria advinda da indústria automobilística, o Toyotismo, que visa melhorar o sistema industrial e atender o mercado de consumo de forma mais específica, com mão de obra multifuncional, diretiva e qualificada. Com um amplo sistema de mecanização da produção, implantado com formas de controle de qualidade dos produtos e a aplicação

---

[81] BAUDRILLARD, 1995, p. 68.
[82] BAGGIO; DUARTE; KUTEN, 2014, p. 72.
[83] LIPOVETSKY, 2007, p. 14
[84] SOARES, J. S.; SOUZA, M. C. S. A.; Sociedade de consumo e o consumismo: implicações existenciais na dimensão da sustentabilidade. **Direito e desenvolvimento**, v. 9, n. 2, 2018. p. 304, 305.
[85] FAJARDO, Elias. **Consumo consciente, comércio justo**: conhecimento e cidadania como fatores econômicos. Rio de Janeiro: Senac Nacional, 2010. p. 14.

da estratégia "Just in time", até hoje utilizada e reformulada, com o intuito de se produzir somente o necessário, na quantidade necessária, de acordo com as informações obtidas do mercado e das exigências dos clientes. Manuel Castells, nesse sentido, demonstra que

> O enorme sucesso em produtividade e competitividade obtido pelas companhias automobilísticas japonesas foi, em grande medida, atribuído a essa revolução administrativa, de forma que na literatura empresarial 'toyotismo' opõe-se a 'fordismo', como a nova fórmula de sucesso, adaptada à economia global e ao sistema produtivo flexível. O modelo original japonês tem sido muito imitado por outras empresas, bem como transplantado pelas companhias japonesas para suas instalações do exterior, frequentemente levando à enorme melhoria no desempenho dessas empresas em comparação ao sistema industrial tradicional[86].

A ideia do Toyotismo busca a redução de incertezas quanto ao mercado, com isso, evitar o desperdício e melhorar a capacidade de competitividade da indústria, otimizando tempo e aumentando a produção com custos reduzidos[87].

Esse modelo industrial-econômico, capaz de moldar as estruturas de consumo, agregando valor representativo ao ato de consumir, uma espécie de signos, envolve emoções e desejos. Busca por status, estabelece instrumentos de ação eficaz no seu objetivo. Para os autores Zygmunt Bauman, Jean Baudrillard e Gilles Lipovetsky, o modelo construído transforma o indivíduo em um objeto consumidor, e que com advento da internet e das tecnologias de informação e comunicação amplia os espaços de consumo distorcendo a realidade, moldando as relações entre os indivíduos, alterando a velocidade de consumo e aquisição de produtos amplificando a insaciedade do indivíduo por mais e mais, buscando a valoração do Eu.

A revolução tecnológica consolida um conjunto de processos e entrelaçamentos envolvendo o globo em um momento de reestruturação do capitalismo, e tem ligação com a construção de uma referência para produção de bens e serviços, mais desejáveis pautadas em uma estrutura informacional que o cenário atual possibilita[88].

Toda essa construção se dá principalmente pela explosão das novas tecnologias, que produziram de forma acelerada novas necessidades de uso e

---

[86] CASTELLS, 2018a, p. 222.
[87] *Ibidem*, p. 223.
[88] BRYMAN, 2007, p. 249.

aplicações para as inovações surgidas, bem como diversificando suas fontes[89], temos rádio, televisão, cinema, jornais; analógicos ou digitais, que a todo instante suplementam anúncios que visam criar mais e mais necessidades[90].

Os avanços ocorridos nas relações comerciais com forte influência do compartilhamento de informações e da facilidade de comunicação são reconhecidos por Manuel Castells como sociedade de rede, onde, a formatação da indústria adaptada à nova realidade de informação e comunicação,

> Rede é um conjunto de nós interconectados. E constituem a nova morfologia social de nossas sociedades e a difusão da lógica de redes modifica de forma substancial a operação e os resultados dos processos produtivos e de experiência, poder e cultura. Embora a forma de organização em rede tenha existido em outros tempos e espaços, o novo paradigma da tecnologia da informação fornece a base material para a sua expansão penetrante em toda a estrutura social[91].

Trata-se do fenômeno sócio industrial denominado por Gilles Lipovetsky[92] como a segunda era da globalização, que se utiliza de instrumentos para descentralizar as atividades. Ela substitui a ideia tradicional da economia industrial individualista pela ação econômica das redes de forma que os setores produtivos se apresentem em estruturas abertas com capacidade para expandir suas atividades de forma ilimitada; integrando novos parceiros e tecnologias, que compartilhem dos mesmos códigos de comunicação, altamente dinâmico e suscetível às inovações que surgem a cada momento[93].

O uso das tecnologias e adaptabilidade das indústrias às inovações que surgem a cada momento constituem bases digitais que necessitam de novos métodos de gestão, que englobem a velocidade, a complexidade, o alcance e os impactos nos sistemas e com o intuito de diminuir toda a incerteza decorrente dos processos, de forma que novos parceiros de realidades econômicas distintas se integrem ao processo e possibilitem uma absorção e compreensão das realidades do mercado consumidor[94].

---

[89] *Ibidem*, p. 65.
[90] FROMM, 1955, p. 17.
[91] CASTELLS, 2018a, p. 553.
[92] LIPOVESTIKY, Gilles; JUVIN, Hervé. **A globalização ocidental**: Controvérsia sobre a cultura planetária. Barueri: Manole, 2012. p. 1.
[93] CASTELLS, 2018a, p. 498.
[94] VERBICARO, Dennis; ALCÂNTARA, Ana Beatriz Quintas Santiago de. A percepção do sexismo face à cultura do consumo e a hipervulnerabilidade da mulher no âmbito do assédio discriminatório de gênero. **Revista pensamento jurídico**, São Paulo. v. 11, n. 1, jan./jun. 2017. p. 175, 177.

Principalmente se tratando de relações humanas, que seguem um padrão não linear, tendo na incerteza[95] uma ordem de significação de maneira que o consumo, a informação, a comunicação e a cultura são constituídas como uma nova força ambígua de consumo e produção, que visam mais o sentido de adesão que objeto representa, do que o valor de uso que o produto tem a oferecer[96].

Em outras palavras, ao exercer o ato de consumo, o indivíduo busca determinar seu lugar. Procura rejeitar esse processo de reconhecimento e significação que se dá historicamente por questões organizacionais de um conjunto de atributos culturais, sociais, profissionais, interferindo de maneira ativa em sua vida[97]. Por outro lado, a rede formada estabelece que parâmetros como criatividade, capacidade de negociação e mobilização serão importantes instrumentos para as conquistas na hierarquia social[98].

O consumidor está ansioso por adquirir novas mercadorias que propiciem estabelecer relações com a experiência que se busca e que oportunizem uma troca favorável[99], toda essa inquietude é favorecida pelas forças globais de produção, circulação e inovação tecnológica. As relações políticas fomentam um processo simbiótico com a relação de consumo[100], que em grande parte é influenciado pela cultura. O consumidor catalisa por meio de diversas estratégias de marketing e propaganda um modelo de consumo, no qual estabelece padrões e orienta o seu sucesso profissional e pessoal, que só serão mensurados em nichos onde há elevada relação de consumo, de um determinado signo e se este for atendido[101]. Por fim, a indústria e as atividades comerciais invariavelmente buscam equalizar a relação de custo-benefício, com estratégias que resolvam questões de produção, redução de desperdícios. Ao aumentar sua escalabilidade realizam adaptações recorrentes em suas ferramentas, instalações e ideias de assédio ao consumidor na busca de fidelizar mais cliente.

---

[95] EFING, Antônio Carlos; SANTOS, Fábio de Sousa; GUALBERTO, Stenio Castiel. Análise do contrato administrativo como instrumento da política nacional das relações de consumo. **Revista Eletrônica Direito e Política**, Itajaí, v. 13, n. 3, 3º quadrimestre de 2018. p. 1292.
[96] BAUDRILLARD, 1995, p. 55, 69, 79.
[97] CASTELLS, 2018a, p. 77.
[98] CASTELLS, 2018a, p. 33.
[99] FROMM, 1955, p. 138.
[100] SOARES; SOUZA, 2018, p. 306.
[101] VERBICARO; ALCÂNTARA, 2017, p. 175, 177.

Todo processo de reinvenção de ações de marketing e publicidade tem a finalidade de estabelecer relação direta com o consumidor. Um ato pertinente é apresentado de forma não isolada. As indústrias têm como missão elevar o grau de significação dado pelos consumidores, fortalecendo sua marca. O anúncio publicitário se manifesta como encadeador de significantes, arrastando o consumidor para uma série de motivações mais complexas de seus consumos[102].

Em virtude dessas motivações, Zygmunt Bauman entende que a vida de consumo permeia a nova economia psíquica dos indivíduos e afeta decisivamente os laços amorosos, familiares, profissionais e de amizade, atrelada a essa economia sócio psíquica. Nesse contexto há uma progressiva teatralização dos processos de vida, alimentando ainda mais o consumo e a ansiedade. Destacando que não é desejo da sociedade de consumo reduzir essa ansiedade, a ideia é intensificá-la, renovando o desejo eterno pelo 'novo', e de que o consumo trará a sensação de felicidade e pertencimento[103].

Os consumidores de "terceiro grau", como define Gilles Lipovetsky, que deambulam nos centros comerciais gigantescos, fiscos ou virtuais, que compram marcas mundiais, que procuram produtos light ou biodinâmicos, exigem selos de qualidade, navegam nas redes, baixam músicas no telefone celular, criando assim uma nova fisionomia do consumidor em uma nova fase histórica. Toda a dinâmica de multiplicação de necessidade, da alvoroçada busca por um estado de felicidade e de autossatisfação se culmina em uma vida produtiva em matéria de experiências. Carregada quase que ordinariamente de tentativas infrutíferas de se apoderar dos símbolos transitórios dos bens de consumo e seus significados coletivos e individuais[104].

Nesse sentido, percebe-se que o estado de felicidade, que se quer alcançar, só existe em um plano utópico, tanto pela dependência de conceito individual como pela constante criação de falsas necessidades de consumo, que invariavelmente são atreladas na busca de respostas a problemas psicológicos, tornando esse remédio parte pessoal de frustrações e expectativas, restando ao consumidor o superendividamento[105].

Para Gilles Lipovetsky, isso se dá por que,

---

[102] BAUDRILLARD, 1995, p. 11, 17.
[103] BAUMAN, 2007, p. 116, 141.
[104] LIPOVETSKY, 2007, p. 14, 15.
[105] VERBICARO; ALCÂNTARA, 2017, p. 176.

As indústrias e os serviços agora empregam lógicas de opção, [...] a produção dos bens, os serviços, as mídias, os lazeres, a educação, a ordenação urbana, tudo é pensado, tudo é organizado, em principio, com vista à nossa maior felicidade [...] para o fim de [...] alimentar um pouco mais o frenesi das necessidades e avançar um grau na lógica do "sempre mais, sempre novo" que o último meio século já concretizou como sucesso que se conhece[106].

Portanto, trata-se de uma questão do mundo globalizado e hiperconectado essa nova face socioeconômica, que catalisa o crescimento no nível de consumo e nas novas estratégias de publicidade, onde a espetacularização constantemente promovida pelas grandes marcas tem o intuito de facilitar assimilação de seus produtos a valores ideológicos frequentemente compartilhados pelos indivíduos[107].

Destaca-se, assim, a influência da indústria cultural no processo de fortalecimento das relações de mercado e de consumo com o objetivo de aumentar a propensão de se adquirir produtos. Fidelizando o consumidor por meio de pontos de autoidentificação e relação de pertencimento com a marca. Sendo a sensação de pertencimento uma necessidade diária, onde estabelece relação de troca com o cotidiano monótono e homogêneo; por experiências espetaculares de consumo[108].

Corroborando essa ideia, Alan Bryman diz que tais características remetem aos parques temáticos da Disney, e por essa razão o autor apresenta a teoria de que a sociedade atual passa por um processo de Disneyzação, que ocorre da identificação dos princípios utilizados pelos parques temáticos da Disney em diversos setores da sociedade. Para ele, a Disneyzação funciona como uma lente de aumento onde se enxerga a natureza da sociedade moderna e ao mesmo tempo busca refletir as questões relativas ao consumo e à globalização[109].

Assim como os parques da Disney, grandes corporações se valem das técnicas de marketing e de publicidade para apresentar de forma criativa seus produtos. Isso faz com que seus consumidores sejam conduzidos por caminhos de subjetividade, desejos e novas necessidades, para que possam comprar cada vez mais, entretanto, os aspectos identificados na Disneyzação, sejam a tematização, o consumo híbrido, o merchandising e o trabalho emo-

---

[106] LIPOVETSKY, 2007, p. 209.
[107] VERBICARO; ALCÂNTARA, 2017, p. 178.
[108] BRYMAN, 2007, p. 8, 246.
[109] *Ibidem*, p. 11.

cional/performático, retratam esse fenômeno como uma força globalizadora. De tal forma que esse grupo de princípios se difunde por meio da economia e do processo cultural da sociedade. Em outras palavras, Disneyzação quer dizer consumo, consumo esse que advém de um conjunto de processos, que envolve o globo e visa à construção de uma referência para produção de bens e serviços mais desejáveis e, portanto, com maior probabilidade de serem consumidos indiscriminadamente[110].

Essa sede de consumo indiscriminado por diversas marcas é nítida. Quando a fusão envolve fatores como: a comercialização dos objetos e transcendem o seu valor utilitário ao representar o desejo de comprar para além da compra, não para sanar uma necessidade básica, mas sim um desejo de posse, de pertencimento, de transferência do valor agregado da marca à persona do consumidor.

Ao fazer relação desses fatores, as características da volatilidade e ambiguidade identificados no V.U.C.A. permeiam as interações entre os objetos e o consumidor, como bem descreve Erich Fromm, quando pondera que

> Estamos rodeados de coisas de cuja natureza e origem não sabemos. O telefone, o rádio, o toca-discos e todas as outras máquinas complicadas são quase tão misteriosas para nós quanto o seriam para um homem de uma cultura primitiva; sabemos usá-los, isto é, sabemos que botão apertar, porém não sabemos segundo que princípio funcionam, salvo nos termos vagos de algo que em outro tempo aprendemos na escola. E as coisas que não se baseiam em princípios científicos difíceis nos são igualmente estranhas. Não sabemos como se faz o pão, como se tecem as fazendas, como se constrói uma mesa, como se faz o vidro. Consumimos como produzimos, sem uma relação concreta com os objetos que manejamos; vivemos em um mundo de coisas, e nossa única relação com elas consiste em saber manejá-las e consumi-las[111].

Fazendo com que grandes marcas alterem a lógica de consumo e transforme e o consumidor tradicional em um consumidor de marcas, nomes e selos. Seduzidos por uma publicidade que independe da sua funcionalidade e real significado, simplesmente reproduz o nome que o produto carrega, modificando acessos de diversas culturas. Onde o ato de consumir torna-se um fim em si mesmo, pelo simples desejo interno de possuí-lo[112].

---

[110] BRYMAN, 2007, p. 16, 17, 249.
[111] FROMM, 1955, p. 126.
[112] LIPOVETSKY, 2007, p. 18.

Erich Fromm, destaca que

> Comemos um pão insípido e que não alimenta porque satisfaz a nossa fantasia de riqueza e distinção: é tão branco e tão macio! Na realidade, comemos uma fantasia, e perdemos o contato com a coisa real. O nosso paladar e nosso organismo estão excluídos do ato de consumo que lhes concerne primordialmente. **Bebemos rótulos: com uma garrafa de *Coca-Cola*, bebemos o desenho das belas jovens que a bebem no anúncio, bebemos o slogam** "pausa que refresca", bebemos o grande costume americano. **O que menos usamos para beber é o nosso paladar** [...].[113]

E é nesse estado de consumo desenfreado que se reforça a necessidade de proteção da vulnerabilidade do consumidor. Tendo em vista que já não se percebe mais a relação das coisas; se seu consumo é de algo real ou apenas ficção; de forma que a lógica é traçada a fim de atrair e seduzir o consumidor às imagens vinculadas, às referências culturais utilizadas, o sensacionalismo empregado conflui em um conjunto de recorrentes lançamentos e atualizações, interferindo pontualmente na autonomia de escolha do consumidor na formulação dos conceitos de sociedade. Esse conceito altera de forma radical a percepção e alcance da cultura, imbuída de aspectos econômicos, torna imprescindível consubstanciar o consumidor com informações necessárias e ferramentas mais ágeis para preservar as condições de exercer seu direito de comprar maneira de forma autônoma, clara e consciente.

## 1.3 RELAÇÕES DE CONSUMO

Construindo assim a relação de consumo é que se observam aspectos da sociedade de consumo. O ato de consumir é inerente à sociedade historicamente, entretanto a atenção ao fenômeno que surgiu não foi considerada relevante nos primórdios da discussão. As realidades alteradas com o passar das décadas e com surgimento de diversas teorias de caráter econômico, político e social contribuíram para a fixação desse entendimento. A fim de explicar os reflexos oriundos dessas interações, volta-se o olhar para o seu principal personagem, o consumidor.

As transformações ocorridas na história das sociedades destacam-se pela importância de seus fluxos econômicos pela manutenção de bens e

---
[113] FROMM, 1955, p. 125, 126, grifo nosso.

serviços e na constante troca de mercadorias. Atrelado à crescente necessidade de proteção do indivíduo, potencializa a atenção dada ao consumidor. Nesse sentido, Ulrich Beck destaca marcos sociais que evidenciam a evolução do olhar nesse assunto,

> Primeiro marco é observado no início da idade moderna e a embrionária sociedade industrial, pela qual percebe-se questões de riscos atrelados a questões de consumo, trocas e produções com riscos dessas relações ainda passiveis de controle[114]. Enquanto que o segundo marco pode ser compreendido pelo final do século XIX e a primeira metade do século XX, neste ponto as discussões acerca da sociedade de consumo começam a ganhar importância, surgindo também questões sobre a responsabilidade objetiva. E neste período ocorre uma das maiores marcas da história, a segunda guerra mundial, e é no pós II guerra, que a sociedade de consumo se torna um fenômeno de massas[115].

O fenômeno de massa altera a ordem de produção citando um exemplo, a produção de vestimentas até o início da I grande guerra, a maioria das roupas era feita sob medida, com adornos mais pomposos e nenhum tipo de mobilidade bélica. Com a crescente proporção tomada pela guerra, cresce a necessidade de produção em grande escala e a reformulação do tipo das vestimentas, conforme descreve Luiz Antonio Rizzato Nunes,

> No começo do século XX, instaura-se definitivamente um modelo de produção que terá seu auge nos dias atuais. Tal modelo é o da massificação: fabricação de produtos e oferta de serviços em série, de forma padronizada e uniforme, no intuito de diminuição do custo da produção, atingimento de maiores parcelas de população com o aumento de oferta etc. Esse sistema de produção pressupõe a homogeneização dos produtos e serviços e a estandardização das relações jurídicas que são necessárias para a transação desses bens[116].

Isso modifica a ordem das relações comerciais; a procura pelos produtos já não é o principal combustível das produções, mas sim a quantidade de bens produzidos, obrigando, assim, a indústria local a repensar modelos, estratégias de marketing e propaganda para adaptar-se à realidade local.

---

[114] BECK, 1998, p. 41.
[115] *Ibidem*, p. 199.
[116] NUNES, Luiz Antonio Rizzatto. **Comentários ao CDC**. São Paulo: Saraiva, 2000. p. 70.

O reflexo dessa mudança cria disparidade econômica entre os indivíduos. Motivos ideológicos, raciais e questões políticas ou de interesses das partes envolvidas coadunam com a ideia do terceiro marco da construção das relações de consumo, os aspectos de expansão das informações e do Estado Social de Direito na chamada pós-modernidade. Sendo influenciados pelo nascimento da globalização do advento da internet e de formatos diversos das tecnologias da comunicação e informação, contribuem para o desenvolvimento das relações comerciais em uma sociedade volátil, de riscos complexos e fabricados, para além do individual e que extrapolam as fronteiras temporais e territoriais[117] no universo que entendemos hoje como digital.

Nesse tocante, nascem as ideias de defesa das relações de consumo. Percebe-se que o consumidor se encontra desprotegido e é tratado de forma desigual e desproporcional, reafirmando a necessidade de sua proteção que, junto às mudanças sociais, carece de inovações. Transportando essa necessidade para uma visão internacional e em nível legislativo, buscam-se ações adequadas à proteção do consumidor. Identifica-se nos Estados Unidos, em meados do ano de 1906, a elaboração da regulamentação de Inspeção de Carnes e da Lei que regula o comércio de alimentos e medicamentos. Já nos anos de 1930 é criada a FDA (*Food and Drugs Administration*), que tem repercussão no mundo todo, sendo considerado um dos órgãos mais respeitados pela comunidade mundial.

A década de 60 é considerada uma das mais importantes para a defesa do consumidor, pois nesse período surgem adequações para a defesa do consumidor. Mais precisamente em 15 de março de 1962, o presidente dos Estados Unidos, à época, Jonh F. Kennedy, encaminha uma das mensagens mais paradigmáticas relacionados à defesa dos consumidores, ao congresso Nacional Americano,

> Consumidores, por definição, somos todos nós. Eles são o maior grupo econômico, e influenciam e são influenciados por quase toda decisão econômica pública ou privada. Apesar disso, eles são o único grupo importante, cujos pontos de vista, muitas vezes não são considerados[118].

---

[117] BECK, 1998, *passim*.
[118] JONH F. Kennedy *apud* AMARAL, Luiz Otavio de Oliveira. **Teoria geral do direito do consumidor**. São Paulo: RT, 2010. p. 19.

Por intermédio dessa mensagem, pela primeira vez reconhece-se a existência de alguns direitos dos consumidores, tais como: direito à segurança, direito à informação, oportunidade de escolha e de ser ouvido. Tamanha é a importância desse discurso, cuja data é 15 de março, na atualidade é considerada como o dia mundial dos direitos dos consumidores[119].

Paralelamente, países como Austrália, Bélgica, Estados Unidos, Holanda e Reino Unido criam a IOCU – *International Organization of Consumers Unions*, atualmente denominada de CI – *Consumers International*. Produziram leis e condutas para regulamentar os Direitos do Consumidor, ao mesmo tempo que desencadeiam em países menos desenvolvidos a iniciativa de regulamentar os processos de construção de formas de proteção ao consumidor[120].

Com a crescente preocupação mundial com os consumidores, e da ampliação de ações que visavam à proteção e à educação dos consumidores, chama a atenção da Organização das Nações Unidas (ONU) no ano de 1985, que adota diretrizes para a proteção do consumidor. Por meio da resolução 39-248, de 16 de abril de 1985, ressalta a importância da participação dos governos na implantação de políticas de defesa do consumidor[121].

> Após 23 anos, a assembleia Geral das Nações Unidas (ONU) adotou os Direitos do Consumidor como Diretrizes das Nações Unidas dando assim, legitimidade e reconhecimento internacional para essa data e consolidou a ideia de que se trata de um direito humano de nova geração, bem como, um direito social e econômico, um direito de igualdade material do mais fraco, do leigo, do cidadão civil nas suas relações privadas frente aos profissionais, os empresários, as empresas, os fornecedores de produtos e serviços, que nesta posição são experts, parceiros considerados fortes ou em posição de poder[122].

Essa resolução reforça a importância da defesa do consumidor, em razão das grandes transformações tecnológicas e econômicas ocorridas na sociedade mundial. O fenômeno da globalização se amplifica, a popularização da internet se intensifica e a mobilidade ubíqua reduz as distâncias.

---

[119] AMARAL, 2010, p. 20.
[120] MELLO, Cleyson de Moraes. **Direitos do consumidor**: direito material e processual. Volume único: jurisprudências, legislações e sumulas. Rio de Janeiro: Freitas bastos, 2013. p. 9.
[121] *Ibidem*, p. 7.
[122] BENJAMIN, Antonio Herman V.; MARQUES, Claudia Lima; BESSA, Leonardo Roscoe. **Manual de Direito do Consumidor**. São Paulo: RT, 2011. p. 28.

Observa-se uma aproximação dos acontecimentos a nível mundial, também verificado no Brasil indícios de tais preocupações, por exemplo: o apresentado pelos artigos 629 a 632 do código comercial de 1850 e, mais adiante, no Código Civil de 1916, no art. 1245 apresenta elementos de responsabilidades dos fornecedores[123].

Os movimentos sociais da década de 60 e 70 reforçam no país muito do que se identifica nas posturas de defesa e das relações de consumo. Tem o ponto alto dos anos 60 a Lei delegada n. 4 de 1962, para o fim de intervir nas questões comerciais assegurando a livre distribuição de produtos de necessidade primária para o consumo, reprimindo práticas que buscavam reduzir o acesso aos produtos e um acréscimo nos valores de venda[124]. Por meio de pressão popular, fatores políticos, econômicos e sociais ajudaram para a criação de leis que se aproximam com a proteção do consumidor, culminando na questão chave desse processo, a criação do órgão público de proteção ao consumidor, denominado de grupo executivo de proteção ao consumidor, em São Paulo, no ano de 1976, que atualmente é conhecido como Procon (Programa de Proteção e Defesa do Consumidor).

A intensa participação popular é crescente, nas mais variadas questões, principalmente na década de 80. Década essa considerada uma revolucionária, por tratar de um período de intensas transformações políticas, sociais, econômicas e de comportamento. É nesse período que associações e organizações civis com diversos objetivos vão além da criação de normas técnicas, de regulamentações do comércio, de produtos e de boas práticas que buscavam a proteção dos consumidores.

Um exemplo de norma a ser citado é o ponto de discussão da proteção do consumidor. A Lei de Ação Civil Pública n. 7.247, de 1985, estabelecia parametros para a proteção dos interesses difusos e coletivos da sociedade[125]. É criado uma das mais importantes associações de proteção do consumidor especificamente no ano de 1987, o Idec - Instituto Brasileiro de Defesa do Consumidor.

A defesa do Consumidor ganha destaque, culminando na elevação de status definitivo de constitucional, com a promulgação da Constituição Federal de 1988, é oficializada a priorização do consumidor. Esta, elevada

---

[123] EFING, Antônio Carlos. **Fundamentos do direito das relações de consumo**. Curitiba: Juruá, 2003. p. 31.
[124] JACYNTHO, Patrícia H. de Ávila; ARNAOLDI, Paulo Roberto C. **A proteção contratual ao consumidor no Mercosul**. Campinas: Interlex, 2001. p. 19.
[125] AMARAL, 2010, p. 37.

agora a status constitucional, tem como uma das prioridades os aspectos de proteção, direito fundamental ou como princípio da atividade econômica, e de diretos e deveres. Importa ressaltar que a redação crua do texto constitucional é a de impor ao Estado sempre a posição de garantidor ou protetor de sua figura frágil[126], como pode ser observado,

> Art. 5º Todos são iguais perante a lei, sem distinção de qualquer natureza, garantindo-se aos brasileiros e aos estrangeiros residentes no País a inviolabilidade do direito à vida, à liberdade, à igualdade, à segurança e à propriedade, nos termos seguintes:
>
> XXXII - o Estado promoverá, na forma da lei, a defesa do consumidor;
>
> Art. 170. A ordem econômica, fundada na valorização do trabalho humano e na livre iniciativa, tem por fim assegurar a todos existência digna, conforme os ditames da justiça social, observados os seguintes princípios:
>
> IV - livre concorrência;
>
> V - defesa do consumidor[127];
>
> Art. 48 ADCT - O Congresso Nacional, dentro de cento e vinte dias da promulgação da Constituição, elaborará código de defesa do consumidor[128].

Segundo Antônio Carlos Efing, apresenta-se como um aspecto de vanguarda, inovador da Constituição, ao atrelar a proteção do consumidor como princípio constitucional de ordem econômica[129]. Entendimento esse corroborado por Ellen Gracie, que enfatiza a defesa do consumidor como sendo um imperativo da ordem econômica, e por decorrência do não deve ser, o princípio da livre iniciativa, invocado para o fim de afastar normas de defesa do consumidor[130].

O quadro sócio-político-econômico que antecedeu a criação do código de defesa do consumidor, moldou-o como o conhecemos hoje e esse mesmo cenário contribuiu para que o legislador atribuísse a defesa do consumidor como dever do Estado sua construção e aplicação como política pública. "Em

---

[126] EFING; SANTOS; GUALBERTO, 2018, p. 1281.
[127] BRASIL, Constituição Federal, 1988, art's. 5º e 170.
[128] Ato das Disposições Constitucionais Transitórias – ADCT. CONSTITUIÇÃO DE 1988.
[129] EFING, 2003, p. 13.
[130] Ministra Ellen Gracie, RE 349.686, 2.ª T., j. 14.06.2005, DJ 05.08.2005; *In:* RAMOS, André de Carvalho. Jurisdição internacional sobre relações de consumo no novo código de processo civil: avanços e desafios. **Revista de Direito do Consumidor**, v. 100, p. 473-499, jul./ago. 2015.

1990, através da Lei nº 8.078 surgiu o Código de Defesa do Consumidor, sendo que este sujeito passou a contar com legislação especial, garantindo-lhe direitos e deveres, ressalvando a sua presunção de hipossuficiência"[131]. Reconhecido como Código de Defesa do Consumidor, é criado o Departamento de Proteção e Defesa do Consumidor, da Secretaria de Direito Econômico do Ministério da Justiça, para conduzir a introdução e defesa do código na sociedade.

O código, em linhas gerais, estabelece que o Estado, por meios de ações positivas, concilie os princípios da livre iniciativa e livre concorrência como os mandamentos protetivos do consumidor[132]. Devendo ser considerada uma lei de ordem pública por tratar de interesses de maior relevância a toda a sociedade do que ao particular propriamente dito. Vista como um marco da evolução na defesa do consumidor brasileiro, em especial razão pelas constantes inovações apresentadas de ordem processual e material[133].

> A determinação da lei como de ordem pública, revela um status diferenciado à norma que ao expressar espécie de ordem pública e de proteção em razão da vulnerabilidade reconhecida ao consumidor, embora não a torne hierarquicamente superior às demais, lhe outorga um caráter preferencial. De outra parte, na medida em que realiza o conteúdo de um direito fundamental, de matriz constitucional, retira da esfera de autonomia privada das partes a possibilidade de derrogá-la (norma imperativa)[134].

Dentro do espírito protetivo e de ordem pública, o código especifica a proteção do consumidor quanto à saúde, a educação para o consumo, a proteção contratual; com maior atenção às questões voltadas à publicidade enganosa e abusiva, visando ao respeito das garantias constitucionais, protegendo e estabelecendo condutas para toda sociedade e da relação de consumo; estabelecendo os princípios da Política Nacional da relação de Consumo e dos atores comerciais envolvidos nas diretrizes das ações do governo frente ao mercado de consumo[135].

Destaca-se dentre os princípios instituídos, segundo Andreza Cristina Baggio, em especial o reconhecimento da vulnerabilidade do consumidor

---

[131] BENJAMIN; MARQUES; BESSA, 2011, p. 29.

[132] RAMOS, André de Carvalho. Jurisdição internacional sobre relações de consumo no novo código de processo civil: avanços e desafios. **Revista de Direito do Consumidor**, v. 100, jul./ago. 2015. p. 4

[133] AMARAL, 2010, p. 33.

[134] MIRAGEM, Bruno. Função social do contrato, boa-fé e bons costumes. Nova crise dos contratos e a reconstrução da autonomia negocial pela concretização das cláusulas gerais. In: MARQUES. Cláudia Lima (coord.). **A nova crise do contrato**. Estudos sobre a nova teoria contratual. São Paulo: RT, 2007. p. 45.

[135] EFING; SANTOS; GUALBERTO, 2018, p. 1282, 1294.

no mercado de consumo. Ao afirmar que a vulnerabilidade deve ser objeto de proteção, o Código de defesa do consumidor reconhece a desigualdade que se estabelece entre o consumidor e o fornecedor em uma relação de consumo, é resultado do desequilíbrio econômico ou técnico entre as partes[136].

> Art. 4º A Política Nacional das Relações de Consumo tem por objetivo o atendimento das necessidades dos consumidores, o respeito à sua dignidade, saúde e segurança, a proteção de seus interesses econômicos, a melhoria da sua qualidade de vida, bem como a transparência e harmonia das relações de consumo, atendidos os seguintes princípios:
>
> I - reconhecimento da vulnerabilidade do consumidor no mercado de consumo;
>
> II - ação governamental no sentido de proteger efetivamente o consumidor:
>
> a) por iniciativa direta; b) por incentivos à criação e desenvolvimento de associações representativas; c) pela presença do Estado no mercado de consumo; d) pela garantia dos produtos e serviços com padrões adequados de qualidade, segurança, durabilidade e desempenho.
>
> III - harmonização dos interesses dos participantes das relações de consumo e compatibilização da proteção do consumidor com a necessidade de desenvolvimento econômico e tecnológico, de modo a viabilizar os princípios nos quais se funda a ordem econômica, sempre com base na boa-fé e equilíbrio nas relações entre consumidores e fornecedores; [...][137].

O código e a proteção do consumidor, além de ser alicerçada pelo legislador em virtude da vulnerabilidade e hipossuficiência, e que de fato merece proteção, para que se evite desequilíbrio nas relações de consumo, apresenta em seu texto regras aptas a preservar outros mandamentos constitucionais. Por exemplo, no caso expresso no art. 42, que prevê a proteção à honra e imagem do consumidor, assim, o código pretende assegurar uma boa relação contratual com bases na manutenção da boa-fé[138].

Destaca-se na construção da proteção dos consumidores o CDC, que define e conceitua a característica do consumidor em seu Art. 2º, o

---

[136] BAGGIO, Andreza Cristina. A complexidade das relações de consumo e o problema da catividade do consumidor. Anima: **Revista Eletrônica do Curso de Direito da Opet**, v. IV, 2010. p. 10.
[137] BRASIL, Código de defesa do consumidor - CDC. Lei n. 8.078, de 11 de setembro de 1990.
[138] BAGGIO, 2010, p. 8.

qual dita que "consumidor é toda pessoa física ou jurídica que adquire ou utiliza produto ou serviço como destinatário final"[139]. Ainda, consumidores podem ser de forma equiparada e em uma visão mais ampla, a coletividade de pessoas, todas as vítimas do evento[140] ou todas as pessoas determináveis, ou não, expostas às práticas de uma relação de consumo[141].

Assim, para que se configure uma relação que demande a proteção do CDC, é necessário que estejam envolvidos os sujeitos denominados consumidor e fornecedor, bem como um objeto, produto ou serviço que se enquadrem nos moldes previstos pelo código. Em síntese, toda a relação de consumo envolve duas partes distintas, uma com vontade de adquirir produto ou serviço e outra com a intenção de fornecê-los, com a finalidade de satisfazer uma necessidade privada. Sabendo-se que a figura do consumidor não dispõe de condições de controle dos meios de produção dos bens ou da prestação do serviço, submete-se ao poder e às condições dos produtos que são oferecidos pela figura do fornecedor e por isso merece toda a proteção[142].

Aspectos relacionados ao princípio da vulnerabilidade que justificam uma maior proteção do consumidor e demonstram a fragilidade da corrente e que podem ser atingidos em sua vulnerabilidade técnica, jurídica ou fática. Ou seja, é dever de qualquer ator envolvido nas discussões a respeito das formas e métodos de resolução ou pacificação dos conflitos considerar em primeiro plano o grau de vulnerabilidade do consumidor.

## 1.4 CARACTERÍSTICAS DOS CONFLITOS NA SOCIEDADE DE CONSUMO E A INTERAÇÃO DO CÓDIGO DE DEFESA DO CONSUMIDOR - CDC

A *World Wide Web* (www), sistema que possibilita o uso da internet por computadores caseiros e o envio de documentos em hipermídias, estabelece-se como um portal em que o tempo é relativo e as relações pessoais e comerciais não necessitam mais da presença física humana para ocorrerem, tornando as fronteiras menos burocráticas[143].

---

[139] Art. 2°, CDC.
[140] Art. 17, CDC. [...] equiparam-se aos consumidores todas as vítimas do evento. [...]
[141] Art. 29, CDC. [...] equiparam-se aos consumidores todas as pessoas determináveis ou não, expostas às práticas nele previstas.
[142] EFING, 2003, p. 34, 35.
[143] ECKSCHMIDT, Thomas; MAGALHÃES, Mario E. S.; MUHR, Diana. **Do conflito ao acordo na era digital:** meios eletrônicos para solução de conflitos – MESC. 2. ed. Curitiba: Doyen, 2016. p. 67.

Presencia-se um mundo globalizado mais abrangente que se imagina, que muda e continua em um processo constante de metamorfose, envolto em um grande processo de incerteza, seja por diligências políticas, como Mercosul ou União Europeia, seja por questões relacionadas a valores como religiões ou contribuições científicas que atingem o próprio conceito de evolução humana. Fortalecidas não especificamente pelos resultados obtidos, mas essencialmente pela velocidade em que os acontecimentos ocorrem, novas tecnologias e suas inovações alteram os fundamentos das relações e, consequentemente, alteram o sentido de pertencimento, de identidade, de valores e, por fim, colocam em discussão processos de aprendizagem[144].

A complexidade percebida nessas relações se dá em razão dos conflitos moldados pelo contexto social, normas sociais, morais e jurídicas aplicáveis pela própria percepção de justiça que cada "consumidor" carrega. Dentre os conflitos, há aqueles construtivos, destrutivos e muitos que não têm possibilidade de resolução[145], as novas tecnologias têm o potencial de criar novos problemas, mas ela também tem o viés de apresentar outras possibilidades de solução[146].

O Direito moderno deve tirar proveito da multidisciplinaridade para complementar suas análises. Nesse caso, as contribuições da Psicologia[147], de forma que se torna importante entender as questões que envolvem o conflito, para que, de alguma forma, se estabeleça os caminhos para solução que respeitem os princípios estabelecidos no Código de Defesa do Consumidor.

Entender o termo conflito é tarefa árdua e ingrata, por tamanha complexidade impregnada em sua construção, de forma que para se iniciar uma reflexão é necessário apresentar uma ideia de seu alcance. Em especial razão, por não se encontrar na doutrina uma teoria do conflito, e neste cenário torna-se oportuno o estudo de Josep Redorta, que apresenta um resumo de argumentos de grandes filósofos, embora defenda que uma teoria geral de conflito é de grande importância para auxiliar a explicar, prever e tratar alguns elementos do comportamento humano, mas também por que é a base para a compreensão de conflitos específicos[148].

---

[144] REDORTA, Josep. Entorno de los métodos alternativos de resolución de conflictos. **Revista de Mediación**, Asociación Madrileña de Mediadores, n. 3, mar. 2009. p. 31, 32.

[145] ARBIX, Daniel. **Resolução Online de Controvérsias**. São Paulo: Intelecto, 2017, p. 11.

[146] ECKSCHMIDT, MAGALHÃES, MUHR, 2016, p. 63.

[147] REDORTA, Josep. **Cómo Analizar Los Conflictos**: La tipología de conflictos como herramienta de mediación. S. L. U. 1. ed. Paseo de Recoletos, Madrid: Paidós. Ebook, 2011. p. 10.

[148] *Ibidem*, p. 13.

Como bem disciplina Daniel Arbix, onde há vida, há conflitos, e estes podem resultar de negociações comerciais equivocadas, de debates legislativos acalorados, de manifestações públicas, dentre outros fatores. Cabe destacar que esses conflitos podem receber influências de outros atos negociais entre as partes, ou de ações judiciais em curso, por vezes atos de violência; em resumo, uma gama de atitudes que visam lidar com as frustrações humanas[149] de forma a merecerem uma atenção mais centrada com intuito de evitar um desencadeamento de sentimentos que travem os processos de transformação desses conflitos.

As origens podem adentrar na moldura de conflitos das mais variadas formas, daí a importância de ressalvar o alerta destacado por Josep Redorta, de que os resultados deste estudo em momento algum objetivaram formular uma teoria do conflito, mas sim lançar luz a determinados pontos, e para uma melhor compreensão dessa construção teórica é interessante observar, de forma resumida, o que renomados autores destacaram sobre os diferentes tipos de conflitos[150].

Quadro 2 – Resumo argumentativo da classificação dos conflitos

| Autor | Tipo de conflito | Em tese | Processo resultante |
| --- | --- | --- | --- |
| Freud | Conflito entre desejo e proibição | Luta pelo dever | Repressão e defesa |
| Darwin | Conflito entre sujeito e o meio | Luta pelo existir | Diferenciação e adaptação |
| Marx | Conflito entre classes sociais | Luta pela igualdade | Estratificação social |
| Piaget | Conflito nas decisões e experiências | Luta por ser | Aprendizagem Resolução de problemas. |

Fonte: Redorta (2011)

O Quadro apresentado não restringe as teorias de conflito aos autores citados, ou seja, não são os únicos processos de conflitos, mas sim apresenta a diversidade de conceitos que podem ser definidos, não sendo os únicos valores indicativos de conflitos, e sim variadas formas de como abordá-los, e desse processo teórico inferir a tentativa de relacioná-los ou de reconhecê-los dentro dos processos digitais que a sociedade atual presencia[151].

---

[149] ARBIX, 2017, p. 11.
[150] REDORTA, 2011, p. 19.
[151] Ibidem, p. 19.

É possível extrair dos conceitos prévios apresentados que o termo conflito é toda opinião divergente de ver ou interpretar os fatos, ou seja, todos os indivíduos vivem em sociedade e têm experiências de conflitos, em diversas situações, desde a infância, passando por conflitos da adolescência e, por fim, na maturidade. E é na maturidade que, segundo Álvaro Chrispino, o convívio com os conflitos podem ser divididos em conflitos intrapessoais, que envolve questões relacionadas com o ir ou não ir, do fazer ou não fazer, de se falar ou não falar, de se comprar ou não comprar, de vender ou não vender, de resolver casar-se ou não casar-se, dentre outros; e os interpessoais, por exemplo, as famigeradas brigas de vizinhos ou dos desentendimentos entre clientes e empresas, de questões envolvendo a separação familiar e outros. Sendo esses conflitos oriundos das relações interpessoais que ordinariamente batem as portas das esferas judiciais[152].

A importância das teorias apresentadas sobre conflitos revela-se nas mais diversas situações, as quais são projetadas e podem ser consideradas como sinônimos de luta, guerra, embate, enfrentamento, oposição, lide, divergência, discordância e diversas outras situações. E quando se observa a partir do vocabulário jurídico, destaca-se o sentido de entrechoque de ideias ou interesses em razão da qual se instala as divergências dos fatos, coisas ou pessoas, e nesse contexto frequentemente encontramos a expressão conflito utilizada como sinônimo de "controvérsia", "disputa", "lide" e "litígio"[153].

Ao se analisar a raiz etimológica do termo conflito, segundo José Luis Bolzan de Morais e Fabiana Marion Spengler, observa-se uma ideia de choque, de contraposição,

> Ou ação de chocar, de contrapor ideais, palavras, ideologias, valores ou armas. De uma forma mais esmiuçada, consiste em um enfrentamento entre dois seres ou grupos da mesma espécie que manifestam, uns a respeito de outros, uma intenção hostil, geralmente com relação a um direito. Para manter esse direito, afirmá-lo ou restabelecê-lo, muitas vezes lança mão da violência, o que pode trazer como resultado o aniquilamento de um dos conflitantes. Ainda, nessa linha, o conflito trata de romper a resistência do outro, pois consiste no confronto de duas vontades quando uma busca dominar a outra com a expectativa de lhe impor a sua solução[154].

---

[152] CHRISPINO, Álvaro. Gestão do conflito escolar: da classificação dos conflitos aos modelos de mediação. Ensaio: **aval. Pol. Públ. Educ.**, Rio de Janeiro, v. 15, n. 54, jan./mar. 2007. p. 15.

[153] TARTUCE, Fernanda. **Mediação nos conflitos civis**. 4. ed. São Paulo: MÉTODO, 2018, p. 21.

[154] MORAIS, José Luis Bolzan de; SPENGLER, Fabiana Marion. **Mediação e arbitragem**: alternativas à jurisdição! 3. ed. Porto Alegre: Livraria do Advogado, 2012. p. 30.

A utilização do termo conflito no dia a dia pode trazer uma série de vantagens e desvantagens interpretativas, em razão dos sinônimos utilizados. Embora o uso do termo remeta ao processo que envolve internamente o encontro de pensamentos distintos dos indivíduos com relação às expectativas que desejam alcançar com o processo, podem vir a se sentirem frustrados com o seu desenrolar. As direções que se apresentam impedem que uma das partes possa tomar para si determinado bem que lhe provêm, seja pelo fato de um terceiro não o satisfazer ou porque o direito proíbe a satisfação voluntária[155]. Situações essas que poderiam ser analisadas e resolvidas, quando de vontade das partes[156].

O conflito é uma construção social, uma criação humana diferenciada da violência, de forma que pode haver conflitos sem violência, mas não violência sem conflito; que pode ser positivo ou negativo, dependendo de como é endereçado e terminado, com a possibilidade de ser conduzido, transformado e superado, podendo ser convertido em paz, pelas mesmas partes, com e sem a ajuda de terceiros, o que afeta as atitudes e comportamento das partes, que como resultado há disputas; é geralmente o produto de um antagonismo ou incompatibilidade entre duas ou mais partes, o resultado complexo de avaliações, impulsos instintivos, afetos, crenças e isso expressa descontentamento ou desacordo sobre coisas diferentes[157].

Nesse sentido, os conflitos interpessoais, segundo Lívia Maria Ferreira da Silva e Telma Pileggi Vinha, são interações sociais em desequilíbrio, oriundas de manifestações de afetividade ou de comportamentos de oposição, percebidas através do uso de determinadas expressões, do tom de voz, de gestos, e mesmo estes não sendo tão evidentes, tornam-se interações importantes por carregarem um potencial gerador de desequilíbrios nas concepções sociais dos atores envolvidos, facilitando ou dificultando a compreensão e construção de outros valores e normas[158].

A convivência contemporânea ou antiga é regada por conflitos oriundos de uma atividade social constante, e determinadas divergências originam-se em grande parte da não coincidência de interesses pessoais, da distância entre

---

[155] CINTRA, Antônio Carlos de Araújo; GRINOVER, Ada Pelegrini; DINAMARCO, Cândido Rangel. **Teoria Geral do Processo**. 2010, *passim*.
[156] PEÑARANDA, Gerson Eduardo Ayala. Análisis del conflicto y la mediación como método de resolución: Redorta y Moore. **Revista Academia & Derecho**, v. 4, n. 7, Jul/ Dic. 2013. p. 80.
[157] *Ibidem*, p. 82.
[158] SILVA, Lívia Maria Ferreira da.; VINHA, Telma Pileggi Os conflitos entre alunos de 8 e 9 anos: a provocação e a reação ao comportamento perturbador. **Rev. Ibero-Americana de Estudos em Educação**, v. 12, n. 3, 2017. p. 1902.

os desejos e aspirações que cada indivíduo carrega consigo, o que acaba por afastar a ideia de certo ou errado, e sim a presença de um esforço contínuo de se defender a posição de uma parte frente às demais posições contrárias[159].

As interações desse processo recebem influência e estão diretamente ligadas à produção e reabsorção de conflitos, e na medida em que os processos de influência social ocorrem no âmbito de uma interação em que cada membro do grupo tem boas razões para reduzir ou resolver conflito ou desacordo, esses processos estão intimamente relacionados a um processo de negociação[160].

E é nítida a relação do conflito com a vida cotidiana do ser humano, porque são consubstanciais as relações humanas, e nessa realidade, quando se afunila o recorte de análise para questões de direito, retoma-se a ideia do alto nível de sinônimos utilizados para referenciar as questões de conflitos, como contencioso, problemas, desvantagem, sendo o uso de diversificadas expressões a demonstração de pode se considerar quando do uso do termo conflito referências expressas a crises em seu sentido mais amplo, e em contrapartida, ao se destacar o palavra disputa, corriqueiramente refere-se a controvérsias mais particulares. Nesses casos, a linguagem não é simplesmente uma maneira de se comunicar, mas sim uma das principais formas pelas quais se constrói e se compreende a realidade, os comportamentos, percepções, valores ou o afeto entre indivíduos ou grupos, que definem seus objetivos como mutuamente incompatíveis[161]. Por exemplo, um casal em crise, em vias de uma separação, pode estar sentindo os efeitos de um contexto mais amplo dos conflitos, o que não afasta a possibilidade de que em certo momento ocorra a necessidade de se enfrentar uma disputa mais pontual, específica, como no caso dos valores da pensão alimentícia ou da guarda dos filhos[162].

Outro exemplo que demonstra a complexidade de se tratar ou emoldurar o termo conflito se dá ao se considerar os aspectos do conflito como simplesmente o resultado da diferença de opinião ou de interesse de dois ou mais indivíduos. Por exemplo, é aceitar que em um universo educacional as divergências de pensamento entre professores e alunos seja primariamente uma causa objetiva dos conflitos e, posteriormente, uma segunda causa se daria pela dificuldade de comunicação e de condições para estabelecer o diálogo entre as partes envolvidas[163].

---
[159] CHRISPINO, 2007, p. 16.
[160] REDORTA, 2011, p. 21
[161] PEÑARANDA, 2013, p. 81.
[162] TARTUCE, 2018, p. 22.
[163] CHRISPINO, 2007, p. 23.

O destaque desses simples exemplos pode vir a demonstrar o quão profundo pode ser caracterizar o conflito, entretanto, destaca-se que as relações de poder e influência social estão embutidas em todos os tipos de divergências, de modo que nenhuma apreciação como um elemento relevante na identificação de um padrão de conflito presumirá a sua inexistência, mas sim a sua relevância não explícita, na fase em que o conflito é desenvolvido a partir da perspectiva de seu ciclo, o que torna importante também explicar os motivos que levam conflitos de recursos escassos, de valores, de interesses etc. a facilmente se transformarem em conflitos de Poder na fase de escalada dos métodos de resolução. Ao vincular tudo isso ao processo de negociação, é enfatizado tanto a importância dessa figura no campo da gestão de conflitos quanto as razões por que os processos de resolução de conflitos estão sendo estudados em Psicologia Social atual[164].

As inúmeras dificuldades frequentemente encontradas têm sua origem na maioria das vezes na incapacidade dos facilitadores em identificar as reais circunstâncias que surgem ou derivam do conflito em análise. Aspectos que são observados tão somente após a produção de atitudes mais violentas, tanto físicas quanto morais; o reflexo dessa postura pode vir a ser a perpetuidade de um ciclo em que os motivos centrais do conflito sempre retornarão, pois o diagnóstico estabelecido visa atacar as consequências do conflito. Dessa forma, ele pode ser considerado pacificado, o que resulta em uma espécie de arquivamento do atual problema, entretanto sempre irá existir um risco eminente de ele se repetir[165].

Ponderando essas características, Gerson Peñaranda destaca dois pontos de análise que podem auxiliar na identificação e resolução do conflito,

> O conflito deve ser considerado como algo natural, presente nos seres humanos, onde os efeitos colaterais representam duas opções: um deles pode aguçar a relação de forma competitiva, enquanto o outro pode significar um meio de resolução, uma solução pacífica que constitui uma oportunidade de mudança. Além disso, esse conceito é abordado de maneira estrutural e é influenciado por diversos autores que integram uma visão homogênea do conflito[166].

E no cenário atual, referir-se ao conflito em termos gerais pode ser considerado de conceituação fácil, no entanto, ao se buscar maior especi-

---

[164] REDORTA, 2011, p. 13, 16.
[165] CHRISPINO, 2007, p. 16.
[166] PEÑARANDA, 2013, p. 105.

ficidade do conceito, percebe-se que a construção dele está envolvida por outros fatores mais, que ampliam sua complexidade em especial razão, pela percepção que a sociedade tem de conflitos e que estes são inerentes ao dia a dia, sendo que a única forma de pacificá-lo é recorrer a um poder de terceiro[167].

Ao se destacar o termo pacificá-lo, outro termo comumente encontrado no trato dos conflitos é mediá-los, embora o conflito de interesses qualificado por uma pretensão resistida costuma ser usada quando alguém se refere a uma controvérsia levada a juízo para apreciação do Estado-juiz, resumida na expressão Lide, usada como sinônimo de "conflito" e "controvérsia", correntemente encontrada na legislação nacional[168]. Destes entendimentos, pode-se dizer que o conflito e a mediação fazem parte de um mesmo sistema, é quase impossível estudar um desses assuntos sem levar em conta o outro.

Como descreve Fernanda Tartuce, extrai-se da legislação perspectivas quanto aos conceitos, embora a estes devam ser empregadas análises mais integrais, iniciadas, por exemplo, a partir destas considerações,

> Na Lei de Mediação brasileira (n. 13.140/2015), "conflito" e "controvérsia" parecem ser utilizados como sinônimos: o art. 1º versa sobre "meio de solução de controvérsias entre particulares e sobre a autocomposição de conflitos no âmbito da administração pública". A mesma situação se verifica no CPC (Lei n. 13.105/2015); coteje-se, por exemplo, o art. 3º, § 2º "o Estado promoverá, sempre que possível, a solução consensual dos conflitos" e o art. 694 "nas ações de família, todos os esforços serão empreendidos para a solução consensual da controvérsia". Há que se destacar, que certos dispositivos apresentam uma acepção mais técnica de "controvérsia", referindo-se ao vocábulo e aos seus derivados, como o "controvertido" para retratar ponto específico tratado no processo judicial sobre o qual as partes diferem de percepção e entendimento (vide arts. 66, III; 464, §3º; art. 545, § 1.º; 966, § 2.º; art. 976, I, todos do CPC/2015)[169].

De maneira que, para melhor atender aos ditames da legislação, é importante entender as causas do conflito, para então identificar uma conexão mais aguda entre a controvérsia e o método que mais se adéqua à sua transformação e com isso abordá-lo de forma mais efetiva[170]. Respeitando-se os muitos fatores

---

[167] REDORTA, 2011, p. 5.
[168] TARTUCE, 2018, p. 22, 124.
[169] Ibidem, p. 22.
[170] PEÑARANDA, 2013, p. 85.

que podem originá-los e se atentar que algumas das vezes a situação caracterizadora do conflito vai exigir um esforço maior das partes envolvidas, para o fim de gerar um melhor processo de cooperação, bem como do entendimento das responsabilidades de cada parte no sucesso do pleito. Onde cada etapa permita o planejamento de uma evolução flexível e equilibrada na direção de uma resolução particular, e que contribua para uma pacificação social, por intermédio de uma definição clara que venha a ser o titular do interesse ora tutelado[171]. Destacando-se em cada um de seus estágios o objetivo de se alcançar uma saída para a disputa[172], tornando-se parte essencial para o direcionamento do conflito a um método que melhor atenda suas características.

Desde o fim do século XX, a aceitação do ambiente digital como forma de comunicação e acesso à informação cria ambientes on-line de entretenimento, socialização e comércio[173]. Os conflitos surgidos dessa nova cultura, principalmente os consumeristas, têm uma característica peculiar quanto ao primeiro movimento de solução.

Os consumidores que se sentem lesados tendem a se utilizar de suas próprias redes sociais para demonstrar sua insatisfação com determinada marca na esperança de que suas mensagens ou vídeos sejam uma forma de dar voz à resolução de seus problemas; esse modelo cultural se intensifica mais por um fenômeno popular disseminado pela internet, denominado de viralização[174], na maioria das vezes originada por uma campanha de marketing equivocada, publicidade enganosa, *fake news*, por falha no relacionamento empresa/cliente, ou pelo fato de o produto apresentar vício ou defeito[175]. Essas situações têm potencial de refletir de forma negativa na marca, por consequência envolverem questões jurídicas.

A popularização dos *smartphones* e aplicativos de mensagens instantâneas, que potencializa nos consumidores uma cultura de imediatismo, processos digitais que permitem em "dois cliques" de qualquer lugar do mundo realizar contratos e compras. As bases clássicas da vida em sociedade estão em constante mudança, inundadas pela diversidade e complexidade das relações[176].

---

[171] TARTUCE, 2018, p. 22.
[172] PEÑARANDA, 2013, p. 100.
[173] ECKSCHMIDT et al., 2016, p. 64.
[174] Termo oriundo do verbo Viralizar, que significa: Tornar viral; fazer com que algo seja compartilhado por um grande número de pessoas: a agência viralizou o vídeo; o vídeo da briga viralizou; aquela situação vergonhosa se viralizava pela Internet. **Dicio**, Dicionário Online de Português. Disponível em: dicio.com.br/viralizar/
[175] Conceitos de defeito ou vicio são tratados pelo CDC em seus art's. 12 a 14 e do art's. 18 a 20.
[176] REDORTA, 2009, p. 31, 32.

Os conflitos que surge com o desenvolvimento do acelerado conhecimento digital são oriundos de plataformas, por exemplo, de comércio eletrônico entre duas empresas que fazem negócios como cliente e fornecedor, B2B (*business-to-business*) e entre empresas e consumidores, com o consumidor final sendo uma pessoa física, B2C (*business-to-customer*)[177]. Tendo o comercio eletrônico como exemplo, constata-se que os Estados têm dificuldades em estabelecer normas domésticas e/ou tratados internacionais capazes de lidar com controvérsias transfronteiriças, em especial as de baixo valor[178].

Assim como o ambiente digital cria condições para surgimento de novas formas de conflitos, também contribui com novas soluções[179] a todo tempo. Sendo necessária a constante atualização das empresas, para definir políticas de ação diante dessas formulações, aprimorando a resolução de conflitos, contribuindo com mais mecanismos e tecnologias. A fim de responder as demandas, deve-se buscar conhecer um pouco mais das técnicas existentes, pois o domínio das ferramentas digitais é essencial para o sucesso desse aprimoramento. Principalmente, como lembra Josep Redorta, pelo fato de o próprio sistema judicial ser articulado com bases em uma sociedade, por assim dizer, analógica, é que atualmente quase não existe mais, ou se existe, seu processo de desaparecimento já está em contagem regressiva ativada, e pode ser presenciada em uma determinada temporalidade[180].

Todo esse constructo respinga especificamente nas empresas quando se entende que o seu papel é determinar as ações a serem tomadas diante uma reclamação mais acintosa do consumidor, que procura denegrir a imagem da marca. Cabe ao setor responsável estabelecer o plano de ação, baseado em informações acerca da pertinência da reclamação. Se necessário, despender maiores recursos para solucioná-la, ou se é mais vantajoso, deixar no estado atual e/ou encaminhar para soluções mais adequadas.

Neste caso, é de grande importância observar a maneira que essa resposta será dada. A empresa deve tomar cuidado com princípios de proteção do consumidor, bem como seus parceiros e apoiadores. Ou seja, os debates que se iniciam de forma on-line ou de relações presencias que migram para o digital podem ser solucionados nos mesmos ambientes de maneira eletrônica ou on-line[181].

---

[177] ECKSCHMIDT *et al.*, 2016, p. 65.
[178] ARBIX, 2017, p. 112.
[179] ECKSCHMIDT *et al.*, 2016, p. 66.
[180] REDORTA, 2009, p. 31, 32.
[181] ECKSCHMIDT *et al.*, 2016, p. 64.

Inerente às características da empresa, os conflitos ganham diversificados contornos, muito por conta dos processos acelerados nas relações que as características de uma nova sociedade mais conectada propiciam. A velocidade com que as inovações aparecem requer respostas ágeis, em curto espaço de tempo, o que não se encontra em um processo adjudicatório tradicional, pois no sistema clássico a decisão judicial provavelmente chegaria tardiamente e de forma burocrática. Isso reforça a necessidade de os grandes empresários estabelecerem um sistema rápido, atualizado e autônomo para esses formatos de resolução.

Por todo o exposto se verifica que o processo de adequação e adaptação na realidade é lento, carregado de incertezas e baseia-se em estruturas conservadoras, colaborando na necessidade de um novo rumo condizente com todas as transformações trazidas pela popularização da internet. Ao se olhar o sistema judiciário frente aos aspectos digitais, observa-se o pertinente apoio a novas tecnologias que possibilitem um novo tipo de interação. No caso específico da solução de conflitos, deve-se partir da premissa de que um mundo de tamanha velocidade de acesso ao meio digital e maior autonomia dos indivíduos tende a transformar a busca pelo sistema adjudicatório tradicional como uma forma alternativa frente a novos mecanismos implantados[182].

Aspectos que não desvalorizam o sistema judicial formal, muito menos afirmam que este deva ser extinto, mas que reforçam a necessidade de adaptação às novas dinâmicas sociais. Superando o modelo clássico e apresentando soluções que mais se aproximem dos anseios dos cidadãos e voltando seus esforços para demandas que requerem muito mais atenção diante de suas complexidades.

---

[182] REDORTA, 2009, p. 31, 32.

# 2

# O PARADIGMA DO ACESSO À JUSTIÇA E DA JURISDIÇÃO

Em uma sociedade cuja capacidade de produção é superdesenvolvida, o produto mais complexo é fruto da evolução natural da História, o Ser Humano. Produto que concentra em seu existir a finalidade em si mesmo, que por suas mãos busca conceder e dar significado à sua própria existência. Em um mundo globalizado e tecnológico, de conflitos binários de zeros e uns, afastar-se do cerne essencial da dignidade da pessoa humana; repercute no curso da Justiça, da esperança e recompensa, da moral e destituição intelectual espelhado nas mudanças de jurisprudência[183].

Malgrado esse conflito de existência reconhecida em áreas distintas do Direito, é de opinião inequívoca de que ao Estado recaem os deveres de garantias de formas de proteção e defesa dos inúmeros direitos, elaborando estratégias para contribuir com a resolução dos desafios surgidos, a despeito da organização judiciária, adequação das instituições às realidades locais, implementação efetiva do direito à informação e orientação e a busca por atualizar o direito material em vistas da realidade atual.

Depreendidos os esforços realizados pelo Estado para o fim de ofertar estratégias de solução de conflitos, revisitar conceitos se faz necessário, de forma a expressar uma nova compreensão de Justiça e seu acesso ao dar mais espaço à voz do cidadão, para que possa, por conta própria, estabelecer seus parâmetros, do que venha a ser justo. Em virtude de que o Estado, em certa medida, compreende como sinônimo de acesso à Justiça o acesso ao judiciário, cria-se um cenário para o Poder Judiciário que muitos ecoam como um estado de crise.

Qualquer abordagem que se realize para o fim de se estabelecer questões voltadas à Justiça envolve questões referentes ao Poder Judiciário, por sua atribuição de distribuidor dos meios de acesso para alcance da Justiça e

---

[183] MAIN, Thomas O. **ADR:** The New Equity. Scholarly Works, Paper 739. HeinOnline: 74 U. Cin. L. Rev. 329, 2005. p. 329.

de seu posicionamento crescente como protagonista no processo político, pode afetar o cotidiano da população[184]. Bem como pelo fato de corriqueiramente se afirmar que esse Poder vem sofrendo uma grave crise de asfixia. Muito por conta dos inúmeros processos que diariamente aportam em suas instâncias, somados a outro montante de processos pendentes[185]. Na tentativa de remediar esse fato, o Conselho Nacional de Justiça (CNJ) divulga desde 2005 o relatório Justiça, a fim de dar publicidade, transparência aos números e informações relativas ao judiciário, que apresenta o levantamento dos números de processos existentes, de forma a apurar as possíveis causas da morosidade da Justiça[186]. O propósito é o de contribuir com o debate e, de certo modo, desmistificar o estado alarmado de crise.

De acordo com esses dados oficiais do relatório[187] Justiça em Números[188] CNJ de 2019, seu ano base inicia com o número aproximado de 78 (setenta e oito) milhões de processos em tramitação, aguardando alguma solução definitiva. Durante o decorrer do ano, o número de casos novos foram cerca de 28 (vinte e oito) milhões de processos em todo o Poder Judiciário[189]. No mesmo período, dados do IBGE[190] estimam que o Brasil tenha por volta de 210 (duzentos e dez) milhões de habitantes, e nascidos no ano de 2017[191], cerca de 2.874.466[192] (dois milhões e oitocentos e setenta e quatro mil e quatrocentos e sessenta e seis) novos habitantes, com uma taxa de crescimento populacional de 0,79% ao ano[193].

É traçado um comparativo dos números absolutos de demandas processuais frente ao número de habitantes nascidos e totais, a fim de apresentar um desenho que delineia o estado de crise anteriormente citado, ao

---

[184] SADEK, Maria Tereza. **A crise do judiciário vista pelos juízes**: resultados de uma pesquisa quantitativa. Uma introdução ao estudo da justiça [on-line]. Rio de Janeiro: Centro Edelstein de Pesquisas Sociais, 2010, p. 17.

[185] ROSSINI, Luiz Felipe; COUTO, Monica Bonetti. Concausas da crise do poder judiciário e insuficiência das reformas. **Scientia Iuris**, Londrina, v. 22, n. 2, jul. 2018. p. 216.

[186] Justiça em Números 2019, Conselho Nacional de Justiça CNJ. Brasília, 2019, p. 9.

[187] O relatório, ano-base 2018, inclui os 27 Tribunais de Justiça Estaduais (TJs); 5 (cinco) Tribunais Regionais Federais (TRFs); 24 Tribunais Regionais do Trabalho (TRTs); 27 Tribunais Regionais Eleitorais (TREs); 3 (três) Tribunais de Justiça Militar Estaduais (TJMs); o Superior Tribunal de Justiça (STJ); o Tribunal Superior do Trabalho (TST); o Tribunal Superior Eleitoral (TSE) e o Superior Tribunal Militar (STM).

[188] BRASIL. CNJ, 2019, p. 8.

[189] *Ibidem*, p. 219.

[190] Dados atualizados em 1º julho de 2019.

[191] Dados atualizados em outubro de 2018.

[192] Dados do SIDRA; Sistema IBGE de recuperação automática. Estatísticas do registro civil. [online].

[193] **IBGE** divulga as estimativas da população dos municípios para 2019, Agência IBGE Notícias. Editoria: Estatísticas Sociais. 28 ago. 2019, [on-line].

aferir que o número de casos novos no judiciário brasileiro tem superado o aumento da população, e em média, a cada grupo de 100.000 habitantes, 11.796 (onze mil e setecentos e noventa e seis) ingressaram com uma ação judicial no ano de 2018[194].

Esses números destacam o Brasil como um dos países mais litigiosos do mundo, de altos índices de processos reprimidos aguardando movimentação. E apresenta-se com uma taxa de congestionamento, especificamente da Justiça Estadual, de 73,9%, taxa esta que tem uma variação perceptível em outros tribunais[195], sendo a apresentação da taxa direcionada à Justiça estadual, é de escolha metodológica, de forma que mais das vezes as discussões acerca do tema proposto se farão dentro da realidade desse juízo. Assim, esses dados demonstram que todo esse contexto contribui para a atual sensação de crise do Poder Judiciário.

A recorrente afirmação de crise no judiciário é pautada na imensa quantidade de processos e da complexidade das relações sociais refletidas nos processos judiciais. Os quais a normativa tradicional utilizada já não se mostra suficiente para o desejo de pacificação, em especial em causas que as questões judicializadas reclamam além da declaração judicial[196], contribuindo com os reflexos das relações sociais que acabam em conflito, considerado um dos pontos que amplifica a crise do judiciário.

Entretanto, o foco normativo ainda é a adjudicação por uma sentença, e isso torna mais factível o aumento da taxa de congestionamento, não vendo suas demandas serem resolvidas no judiciário.

Ao analisar o estado de crise, em pesquisa realizada por Maria Tereza Sadek[197], na qual questionou 570 magistrados acerca da afirmação frequente nos meios de comunicação e na classe política da existência de uma crise no Judiciário. Questionou-se os magistrados acerca da existência de crise no judiciário, as respostas obtidas apresentam o seguinte cenário, somente 15,8% dos entrevistados concordavam inteiramente com a afirmação, já 20,5% discordam inteiramente. Ponto curioso dessa pesquisa é que 54,4% concordam em termos e alegam que a palavra crise seja um termo muito forte para utilizar nessa situação por entenderem que os problemas enfrentados pelo Judiciário decorrem de obstáculos externos à magistratura. E apontam a

---

[194] BRASIL. CNJ, 2019, p. 84.
[195] BRASIL. CNJ, 2019, p. 95.
[196] ROSSINI; COUTO, 2018, p. 216, 233, 238.
[197] SADEK, 2010, p. 19.

falta de recursos materiais como principal problema e que diversas carências afetam dramaticamente a aplicação da Justiça.

Visto que a falta de recursos materiais tenha sido elencada como um dos fatores que dificultam a aplicação da Justiça, é provável que o cerne dessa declaração esteja relacionado a uma gestão eficiente dos recursos. Haja vista as despesas totais do Poder Judiciário corresponderem a 1,4% do Produto Interno Bruto (PIB) nacional, ou a 2,6% dos gastos totais da União, dos estados, do Distrito Federal e dos municípios, onde o custo do serviço de Justiça é de R$ 449,53 atribuído a cada habitante[198].

A despesa que se soma com a Justiça Estadual corresponde à aproximadamente 57% da despesa total do Poder Judiciário. Oriundos dos mais de 5.570 municípios brasileiros, destes, 2.702 (48,5%) são sedes de comarca na Justiça Estadual[199] e constituem a principal porta de entrada de processos das mais variadas áreas. As que envolvem as relações de consumo abrangem cerca de 80% dos processos em tramitação[200]. Cabe ao primeiro grau do Poder Judiciário a estruturação em sua maioria pelas unidades judiciárias pertencentes à Justiça Estadual, que possui 9.627 varas e destas, 1.494 (10%) são juizados especiais.

Maria Tereza Sadek[201] continua seu estudo e apresenta outros dados interessantes do motivo de intenso represamento dos processos. Para ela, deve-se a causas diversas e a questões sociais. Como destacado por Luiz Felipe Rossini e Monica Bonetti Couto, quando afirmam,

> Que em geral existe na sociedade brasileira o comportamento de exaltação à cultura demandista, na qual existe a tendência de uma supervalorização da decisão que é dada pelo magistrado, a cultura demandista promove o afastamento entre as partes, acirra os desentendimentos e estende o conflito. [...] A explosão da litigiosidade contida mediante judicialização das controvérsias em larga dimensão muito contribuiu para o estado de crise da Justiça[202].

Ao avaliar outras causas de morosidade, 81,1% dos entrevistados dizem ser insuficiente o número de juízes, para 76,3%, o número insuficiente de varas e para 73,2% é o excesso de recursos permitidos pela legislação que

---

[198] BRASIL. CNJ, 2019, p. 62.
[199] *Ibidem*, p. 20, 219.
[200] *Ibidem*, p. 62.
[201] SADEK, 2010, p. 20,21
[202] ROSSINI; COUTO, 2018, p. 227.

importa em lentidão do judiciário. Alega-se também que a legislação não é de responsabilidade do judiciário, o judiciário é o mero aplicador quando provocado.

Os obstáculos levantados pela pesquisa demonstram que os atores envolvidos diretamente com as ações do Poder Judiciário afastam a responsabilidade da lentidão de sua alçada, e que em sua maioria não considera que exista uma crise de asfixia no fluxo dos processos. Afirma-se ainda que o número ou forma de trabalho não deve ser considerado como variável, para atribuir a um possível cenário de lentidão. Por fim, o estudo demonstra sugestões realizadas pelos magistrados com o objetivo de agilizar o funcionamento do judiciário.

Dentre as propostas sugeridas, a da informatização dos processos se destaca. Nos dados do Relatório Justiça em Números do CNJ de 2019, verifica-se que dos mais de 28 (vinte e oito) milhões de novos processos cadastrados em 2018, um montante de apenas 16,2% do total desses processos ingressaram fisicamente, sendo o restante desse total cadastrados eletronicamente, perfazendo um montante de aproximadamente 21 (vinte e um) milhões de casos novos[203].

Tais números direcionam a manutenção do entendimento de crise e os dados globais do Poder Judiciário refletem seu desempenho. Entretanto, falar de crise não constitui algo obscuro, e sim, como bem ensina Thomas Khun[204], ter o condão de ser o ponto de partida para novas perspectivas e mudanças de paradigmas.

## 2.1. CRISE ESTRUTURAL E ASCENSÃO DE UM NOVO PARADIGMA

À compreensão do Direito e da sociedade impõe-se um desafio em particular: o desenvolvimento paradoxal do Direito, que se trava entre a instrumentalização *versus* moralização. Tal paradoxo situa o Direito no interior da teoria da evolução social, pela qual se observa nos traços mais marcantes a reconstrução do conceito de um mundo vivido[205].

Tem-se a lógica aplicada ao cenário jurídico, a busca do sentido da imparcialidade, daquele que analisa as questões levantadas, mas mesmo o responsável por verificar os fatos, o juiz no caso, está sujeito a regras e a

---

[203] BRASIL. CNJ, 2019, p. 95.
[204] KUHN, Thomas S. **A Estrutura das revoluções científicas**. 5. ed. São Paulo: Coleção Perspectiva, 1998, *passim*.
[205] LUDWIG, 2011, p. 90.

prescrições que limitem seu poder. Nessa busca, acaba enfrentando percalços que ferem a determinação do justo ou não, mesmo sendo seu senso de equidade socialmente aceitável[206].

O que leva a uma revolta interna desses sujeitos quando percebem os percalços enfrentados pelos atores jurídicos. Por exemplo, a lentidão em se obter uma resposta e a fixa impressão de injustiça, pelo tardar de resposta. Ocorrem não só questões burocráticas que começam a influir no cerne desses indivíduos, mas também o próprio senso do que vem a ser o justo ou não é contestado. O estado aparente de crise catalisa a pré-condição necessária para a emergência de novas técnicas, teorias e outras formas de resolver novos problemas e dar resposta acerca das alternativas usadas, ao rejeitar o existente e pensar uma nova forma de organização[207].

Devido a essa ênfase, surge a figura a que se destinam os mandos e desmandos de pensar a proteção das garantias: a de um Indivíduo com direitos e também deveres, com instintos e interesses, primariamente em relação à natureza e só eventualmente em relação aos outros indivíduos que buscam um novo tratamento da ação jurídica e das questões morais, utilizadas no conhecimento relativo à cotidianidade, com forte influência no Direito, para que este tenha a linha de demonstração e não somente a interpretação[208].

Nesse ponto, Chaim Perelman[209] entende como preferível para se alcançar o consenso não somente se prender às regras já estabelecidas, nem somente se prender às belas retóricas, mas é também atentarem-se às abordagens da Psicologia e da Sociologia, aliadas à adesão espontânea do indivíduo. Nesse aspecto, a melhor forma de buscar uma solução é por meio da discussão, conjuntamente com estudos de técnicas, que visam provocar e/ou aumentar a adesão às teses apresentadas a seu assentimento.

Esse sujeito direciona os elementos discutidos à demonstração de um aparente estado do sistema judiciário, e é nesse estado, como ensina Thomas Kuhn, que nasce a necessidade da mudança de paradigmas;

> A transição para um novo paradigma é uma revolução cientifica [...] na ciência a novidade somente emerge com a dificuldade [...] contra um pano de fundo fornecido pelas expectativas [...] e a mudança de paradigma [...] inicia-se de certa forma,

---

[206] PERELMAN, Chaïm. **Ética e Direito**. São Paulo: Martins Fontes, 1996. p. 489.
[207] KUHN, 1998, p. 107, 110.
[208] LUDWIG, 2011, p. 68, 66.
[209] PERELMAN, 1996, p. 554.

quando se percebe o fracasso nas aplicações rotineiras, e com o reconhecimento de um estado de crise[210].

A crise é entendida como circunstâncias alheias ou vontade passíveis de previsão. Essas circunstâncias revolucionam intrinsecamente os atores das estruturas organizacionais, forçando a aprendizagem de novos saberes para corrigir questões evidentes. Na busca do retorno do *status quo* e melhora das estratégias pré-existentes, visa à tomada de decisão de empregar, ou não, um modo específico de solução diante das circunstâncias desencadeadas. Identificada com a chegada permanentemente de fatos que exigem o inventar de alternativas mais urgentes, dá-se os primeiros passos para o desenvolvimento de um novo paradigma, superando o anterior e ampliando seu uso de forma definitiva[211].

Os argumentos procuram responder quais os próximos passos e desafios a serem verificados na busca de um novo caminho, pois continua Kuhn estabelecendo parâmetros a fim de demonstrar a necessidade de mudança, ampliando a discussão acerca dos problemas gerados pelas crises.

> Algumas vezes a ciência normal acaba revelando-se capaz de tratar do problema que provoca a crise, apesar de desespero daqueles que o viam como o fim do paradigma existente. Em outras ocasiões o problema resiste até mesmo a novas abordagens aparentemente radicais. Nesse caso, os cientistas podem concluir que nenhuma solução para o problema poderá surgir no estado atual da área de estudo. O problema recebe então o rótulo e é posto de lado para ser resolvido por uma futura geração que disponha de instrumentos mais elaborados, ou até uma crise determinar a emergência de um novo paradigma e uma subsequente batalha por sua aceitação[212].

A batalha por aceitação pode ser permeada por fracassos e pelo surgimento de novos tipos de problemas, o que por vezes é decepcionante, mas não surpreendente. Constantemente alimentado pelas relações sociais e a interação com os símbolos gerais reconhecidos, subjetivos ou intersubjetivos, o que força a exigência para a superação de um antigo paradigma por outro em que se estabeleça uma nova compreensão do Direito frente aos aspectos dos fatos cotidianos[213].

---

[210] KUHN, 1998, p. 90, 91, 95, 97, 122.
[211] KUHN, 1998, p. 86, 105.
[212] *Ibidem*, p. 115, 116.
[213] LUDWIG, 2011, p. 92, 95.

Esse novo paradigma apresenta-se como possibilidade, ancorado na comunicação e complexidade. Estabelece um alargamento dos horizontes e supressão das fronteiras físicas, fortalecendo a necessidade do entendimento e consenso. Sendo este o sentido da razão comunicativa, ou seja, a busca por medidas não só conscientes, mas também autoconscientes dos sujeitos em processos argumentativos que possibilitem os elementos práticos, estéticos e emancipatórios[214].

## 2.2 DA PERSPECTIVA DA JUSTIÇA

Todo processo de reconstrução é permeado pela desconstrução, principalmente diante do fato de que nenhuma estrutura normativa ou documentos são considerados autossuficiente por um longo período. A razão disso é que com o passar dos anos, comportamentos se alteram, necessidades surgem e são criadas a todo instante. Esse fluxo natural reforça a escolha do princípio de acesso à Justiça, como ponto de inflexão para uma melhor compreensão da realidade atual, como também da abertura de sugerir possíveis alterações na origem de seu conceito, na luta constante de acordo aos preceitos da Constituição Federal e aos anseios sociais.

A busca por essa evolução e ressignificação de conceitos atrelada é à baixa importância dada nos processos judiciais e ao método de valorização do Outro. Nesta, a parte contrária é vista como um adversário, desvalorizado e diminuído. Não encontra diálogo e a fala é absorvida pelos técnicos, que ao final da demanda devem se consagrar os ganhadores e os perdedores[215].

Esse olhar sofre influências constantes do processo de globalização, responsável pela mais severa transubstanciação ocorrida, ou seja, o protagonismo da pessoa, das futuras gerações é substituído por sujeitos virtuais de direito. Estes estabelecem um novo local para os sujeitos reais de direito, que aos poucos deixam de fazer parte não só de situações jurídicas subjetivas, nos limites territoriais do Estado, onde residem e exercem suas atividades diárias. Na sociedade que se insere, esse contexto ora é de consumo, de informação, de rede e de risco, dentre outras nomenclaturas utilizadas na doutrina; destaca-se em comum a esses fatores um importante aspecto de desterritorialização que transforma esse sujeito real em um cidadão sem fronteiras[216].

---

[214] *Ibidem*, p. 82, 81.
[215] AZEREDO, Caroline Machado de Oliveira; MOURA, Cíntia da Silva. Mediação No Novo Cpc: Avanços e Desafios. **Revista de Arbitragem e Mediação**, v. 51, out./dez. 2016. p. 4.
[216] MARTINS, Fernando Rodrigues; FERREIRA, Keila Pacheco. Diálogo de fontes e governança global: hermenêutica e cidadania mundial concretude dos direitos humanos. **Rev. Direito do Consumidor**, v. 117, 2018. p. 4.

Esse sujeito e todo esse cenário reflete no porquê os direitos fundamentais passam a adquirir tamanha importância com os anos. Sua consagração perante a sociedade global reconhece garantia do exercício de direitos vitais e sociais básicos. Tão inerentes à pessoa humana ao propiciar releitura, readequação e ressignificação de conceitos diversos e necessários ao livre desenvolvimento[217].

No crescente protagonismo do direito fundamental ao acesso à Justiça, faz-se pertinente o resgate das ideias relacionadas à sua construção, como os ideais de acesso, do processo e de Justiça. Questões estas inerentes aos conceitos, principalmente pelas influências vivenciadas dos indivíduos. Alguns desses conceitos amplamente discutidos por profissionais como: juristas, psicólogos, sociólogos, politólogos e outros. É reconhecidamente de difícil definição, e como preceitua Mauro Cappelletti,

> Tem a função de determinar duas finalidades básicas do sistema jurídico – o sistema pelo qual as pessoas podem reivindicar seus direitos e/ou resolver seus litígios sob os auspícios do Estado. Primeiro, o sistema deve ser igualmente acessível a todos; segundo ele deve produzir resultados que sejam individualmente e justos[218].

Observar esses preceitos e revisitar seu cerne faz-se necessário, pois primeiro é preciso dividir a expressão entre o acesso e a Justiça, a fim de buscar sua compreensão. O vocábulo *acesso* pode significar ascender, chegada, ingresso, acessão, acessibilidade, acessível[219], ou seja, representa uma porta, um caminho, um meio de se chegar a um ponto, de certo que compreender o termo não insere grandes dificuldades, consequentemente, reduz-se a necessidade de se alongar o debate. Em outras palavras, o acesso é normalmente encontrado quando se trata do Direito, em exemplos como no acesso à saúde, acesso à educação, acesso à informação, acesso ao trabalho, dentre outras.

Ao contrário do que ocorre quando se trata do termo *justiça*. Expressão perfeitamente classificada como o marco para compreensão final do conceito, e é este o ponto nevrálgico que gera sentimento de insatisfação, tanto quanto o de revolta, tornando-o mais complexo de se aclarar.

---

[217] MARTINS; FERREIRA, 2018, p. 5.
[218] CAPPELLETI, Mauro; GARTH, Bryant. **Acesso à justiça**. Porto Alegre: Fabris, 1988, p. 8
[219] CUNHA, Antonio Geraldo da. **Dicionário etimológico da língua portuguesa**. 4. ed. Rio de janeiro: Lexikon, 2010.

A palavra *justiça* surge em várias percepções no tempo e no espaço e também reproduz as mais variadas situações. Para Alberto Nogueira, o termo carrega consigo a simbologia do justo, de justiça significando composição de conflitos. Ainda que justiça em seu sentido antigo de Ulpiano é o de dar a cada um o que é seu, de viver honestamente e não lesando ninguém. Regras estas reconhecidas como parte integrante da consciência humana e da cultura dos povos[220].

No entanto, tentar clarificar o entendimento de justiça é tarefa árdua. Ao valer-se do entendimento popular de sua representação, percebe-se seu uso como sinônimo do Poder Judiciário, ou de justo, atrelado ao comportamento de determinado indivíduo para com a sociedade, ou de agir e reconhecer os méritos do outro. Como se observa, os conceitos se misturam sem uma clara definição, mesmo ao aproximar e apresentar a definição do termo no consenso de alguns autores, demonstra tamanha complexidade.

Ao tentar realizar tamanha aproximação, José Joaquim Gomes Canotilho estabelece um conceito central do que vem a ser o entendimento de justiça.

> Perante as dificuldades de recortar os mesmos direitos e princípios processuais nas várias "justiças", aprofundaram-se os esquemas jurídicos referentes a princípios específicos de cada uma destas justiças de forma a que o direito a uma boa justiça alicerçada em direitos e princípios processuais adequados ganhe dimensão efetiva nas diferentes comunidades de direito. As suspensões reflexivas em torno dos diferentes modelos processuais salientam, hoje, uma conquista importante no acesso à justiça. Estes diferentes modelos devem tomar em consideração os direitos fundamentais processuais garantidos na Constituição e noutras ordens normativas[221].

Percebe-se nas palavras de Canotilho uma preocupação formal, envolvendo aspectos processuais, que interferem nos anseios de estabelecer limites de ação para o que vem a ser justiça. Por outro lado, verifica-se que o conceito é regado de significados ao englobar aspectos atuais sociais e históricos, sendo um desses últimos o trazido por Aristóteles,

> A justiça é a forma perfeita de excelência moral porque ela é a prática efetiva da excelência moral perfeita. Ela é perfeita

---

[220] NOGUEIRA, Alberto. **Viagem ao Direito do Terceiro Milênio**: justiça, globalização, direitos humanos e tributação. Rio de Janeiro: Renovar, 2001. p. 172.

[221] CANOTILHO, José Joaquim Gomes. **Direito De Acesso À Justiça Constitucional**. Estados da Conferência das Jurisdições Constitucionais dos Países de Língua Portuguesa. Luanda, 2011. s/p.

porque as pessoas que possuem o sentimento de justiça podem praticá-la não somente a si mesmas como também em relação ao próximo. [...] quais são as espécies de ações com as quais elas se relacionam que espécie de meio-termo é a justiça, e entre que extremos o ato justo é o meio-termo[222].

Extrai-se de Aristóteles que a justiça é alcançada por meio da ponderação e aproximação de conceitos opostos. Entendido por justo e injusto e capitaneado de algum modo pela equidade, no sentido de tratar as pessoas dentro de suas desigualdades, balizada por proporcionalidade, igualdade e equilíbrio. Termos que invariavelmente são utilizadas por autores para buscar um novo entendimento ou uma nova conceituação da justiça. Como bem preceitua Celso Luiz Ludwig, a justiça é concebida como uma ideia de ordem e equilíbrio resultante de uma relação adequada entre distintas partes, de modo que cada um realize o que lhe é próprio[223].

Todavia, percebe-se que a justiça está atrelada à questão moral, de responsabilidade exclusiva do indivíduo em seu papel social. Parâmetros de justo e injusto são colocados por aqueles que vivenciam as situações e uma ideia de liberdade de escolha. Michael J. Sandel remete essas ideias quando divide a justiça como sendo,

> Uma delas diz que justiça significa maximizar a utilidade ou o bem-estar – a máxima felicidade para o maior número de pessoas; a segunda diz que justiça significa respeitar a liberdade de escolha – tanto as escolhas reais que as pessoas fazem em um livre mercado (visão libertária) quanto às escolhas hipotéticas que as pessoas deveriam fazer na posição original de equanimidade (visão igualitária liberal). A terceira diz que justiça envolve o cultivo da virtude e a preocupação com o bem comum[224].

A busca pela justiça perfeita enaltece os debates jurídicos e pessoais. Ao notar-se, o valor está atrelado ao conceito bem como a responsabilidade do indivíduo no que pode vir a ser o seu significado. Os termos de Joh Rawls propõem que,

> Cada pessoa possui uma inviolabilidade fundada na justiça que nem o bem-estar da sociedade como um todo pode sobrepujar. Por esta razão, a justiça nega que a perda de liberdade para uns

---

[222] ARISTÓTELES. **Ética à Nicômaco**. São Paulo: Nova Cultural, 1996. p. 193, 195.
[223] LUDWIG, 2011, p. 61, 62.
[224] SANDEL, Michael J. **Justiça**: o que é fazer a coisa certa. 11. ed. Rio de Janeiro, 2013, p. 321.

seja justificada por um bem maior obtido por outros. Ela não permite que o sacrifício imposto a poucos seja compensado por vantagens maiores gozadas por muitos. Por isso [...] os direitos protegidos pela justiça não se submetem a barganhas políticas ou a cálculos de interesse social[225].

Cada um tem o senso de responsabilidade individual. A possibilidade ou aceitação de barganhas denota um entendimento ambíguo no sentido de que é possível maximizar a utilidade da Justiça pelo bem maior e que o bem-estar não vale o sacrifício de um indivíduo. Em ambos os casos, a necessidade de se discutir limites reforça a importância da iniciativa de colocar em discussão, sempre que possível, esse conceito. Nesse sentido, Michael J. Sandel pondera que,

> Não se pode alcançar uma sociedade justa simplesmente maximizando a utilidade ou garantindo a liberdade de escolha. Para alcançar uma sociedade justa, precisamos raciocinar juntos sobre o significado da vida boa e criar uma cultura pública que aceite as divergências que inevitavelmente ocorrerão[226].

Assim, limitar o entendimento de justiça pode contribuir na mudança de determinados paradigmas, por exemplo, uma justiça de mãos próprias, como assinala Celso Neves,

> No que tem de essencial, a justiça de mão própria consiste na realização extraprocessual forçada do direito objetivo, pela ação do justiceiro que ao juiz estatal se substitui. Isso mostra oposição entre ela e a justiça estatal, monopolizada pelo poder público. Rigorosamente, coloca-se ao lado da ordem jurídica processual, para realizar, fora dela, o que, dentro dela, a justiça estatal realiza, mediante os órgãos do poder judiciário; e de certo que neste ponto a Justiça privada não se confunde com justiça de mão própria[227].

Na citação, observa-se que o paradigma de justiça foi alterado, a justiça de mão própria não é mais considerada um artifício como era antes utilizado pela sociedade. Celso Luiz Ludwig nos ensina um novo olhar, ao não se basear estritamente na consciência e autoconsciência, mas também em procedimentos argumentativos que possibilitem um consenso, mesmo que o direito e moral apresentem questões contraditórias.

---

[225] RAWLS, John. **Uma teoria da justiça**. São Paulo: Martins Fontes, 1997. p. 4.
[226] SANDEL, 2013, p. 322.
[227] NEVES, Celso. **Estrutura fundamental do Processo Civil**. Forense, 1995. p. 4, 9.

> A moralidade e direito apresentam duas tendências contraditórias, a primeira delas concerne à instrumentalização crescente do direito: cada vez mais o direito encontra-se subordinado nas suas formulações e aplicações imperativos funcionais. A segunda tendência diz respeito à exigência de moralização: dos mais diferentes lugares da sociedade civil reivindicam-se leis justas, conformidade das leis a um certo número de princípios morais inscritos nos ordenamentos jurídicos[228].

Como apresentado pelos dois aspectos, a sociedade vem com o tempo mudando seus conceitos e entendimentos, abandonando interpretações e ações individuais. Deixando para traz uma percepção de justiça pelas próprias mãos, voltando-se a valoração da justiça e considerando outras possibilidades, entendimentos e concepções.

As transformações vivenciadas nessa sociedade caracterizada como volátil, incerta, complexa e ambígua tornam as relações cada vez mais fugazes entre os indivíduos, e é recheada de alterações profundas em seus fundamentos valorativos e estruturas, alicerçando uma nova era.

> A globalização e [...] as novas tecnologias da informação desencadearam o poder das redes e da descentralização, [...] mas não apagaram a presença de atores políticos [...] na realidade enfraqueceu a lógica centralizadora das instruções unilaterais e da vigilância vertical burocrática. [...] e criou para eles novos espaços pelos quais se inicia um processo histórico que não tem direção prevista. A criatividade, a negociação e a capacidade de mobilização serão os mais importantes instrumentos para conquistar um lugar na sociedade em rede[229].

Como resultado dessa metamorfose social, que busca constantemente respostas aos problemas de justiça na realidade social. Reforça ainda a ideia de que o Direito e a Justiça devam ser enxergados por um viés mais adequado aos que deles utilizam os institutos disponíveis[230]. Sendo necessário entender seu funcionamento e complexidade, principalmente pela enorme expectativa criada em torno do indivíduo, que caracteriza a justiça como uma forma de desejo humano.

Corroborando o ideal de Otfried Hoffe,

---

[228] LUDWIG, 2011, p. 81, 89.
[229] CASTELLS, 2018, p. 33, 405.
[230] CAPPELLETTI, Mauro. O Acesso à Justiça como Programa de Reformas e Método de Pensamento. **Revista Forense**, Gen/Forense, ano 104, v. 395, 2008. p. 212.

> Em sentido primogênito, justiça significa simplesmente a concordância com o direito vigente. Até hoje chamamos justiça - judiciário, o órgão público que serve ao direito. Mas sem abandonar a relação estreita com o direito, a justiça tem de há muito um significado mais abrangente e mais fortemente moral. Refere-se, numa primeira aproximação, tanto, em sentido objetivo, à justeza do direito, em termos de conteúdo, quanto também, subjetivamente, à honradez de uma pessoa. Máxime como justiça objetiva ela é um conceito fundamental do desejo humano: ao mesmo tempo objeto do anseio e da exigência humana. Nenhuma cultura e nenhuma época querem abrir mão da justiça. Um dos objetivos orientadores da humanidade, desde os seus primórdios, é que no mundo impere a justiça[231].

Observa-se que o desejo de justiça sempre foi comum aos indivíduos. Mesmo volátil em decorrência da posição que o indivíduo se encontra, mesmo com o passar do tempo e de inúmeros pensadores que se debruçaram sobre o assunto, na tentativa de aproximar a exatidão de um conceito que se percebe ser deveras impossível. Os breves relatos expostos demonstram que há um ponto em comum no ideal de Justiça. Tendo o sentimento do indivíduo no cerne central e o que ele considera de forma pessoal uma ação justa ou injusta ou bem como está vigente no Direito. Coadunam que a Justiça deve adequar-se aos anseios da sociedade, na missão de regulá-la, respeitando suas particularidades e as transformações ocorridas, oriundas das infinitas variáveis que se entrelaçam.

## 2.3 REFLEXÃO E AMPLIAÇÃO DO CONCEITO DE ACESSO À JUSTIÇA

A Constituição Federal Brasileira[232] trata de princípios consagrados e de garantias fundamentais em seus artigos. Por essa razão, a discussão dos limites e possibilidades do conceito de acesso à Justiça adquire maior importância ao considerar seu papel na condução dos diálogos ao envolver as diretrizes dos processos de resolução de conflitos a fim de fomentar uma maior efetividade destas estratégias. Estas que, de forma geral, têm o papel de ampliar o acesso igualitário dos indivíduos, as vantagens que dele se depreendem, deve ser parte fundadora de um sistema que atenda seus anseios. Quando da necessidade de reivindicar seus direitos, produz resultados socialmente

---

[231] HOFFE, Otfried. **O que é Justiça?** Coleção filosófica. Porto Alegre: EDIPUCRS, 2003. p. 11.
[232] BRASIL. **Constituição da República Federativa do Brasil**. Brasília/DF, Senado, 1998.

justos. Assim, discutir a capacidade de adaptabilidade e o que se extrai de seu uso se faz necessário. Como específica Mauro Cappelletti,

> O estudo do acesso à justiça é de fundamental importância para todas as sociedades contemporâneas [...] sendo o problema mais importante, que exige uma solução, em todos os países, está no problema da efetividade, da igualdade de todos perante o direito e a justiça. Trata-se do problema da pobreza legal. A dificuldade de acesso de muitos indivíduos e grupos aos benefícios que derivam da lei e das instituições jurídicas, em particular as instituições de proteção legal [...] Problema de todas as épocas, todavia mais acentuado, mais evidente, mais obvio em nosso tempo, como se pode ver em deliberação recente, datada de 1983, [...] do conselho da Europa quando estabelecem que o direito de acesso é um fator essencial de todas as sociedades democráticas [...] e o dever de cada estado, de patrocinar sistemas efetivos de patrocínio legal, judicial e extrajudicial, aos que se encontram em situação de inferioridade econômica e social [...] também o dever de simplificação dos procedimentos e de aceleração, nos casos em que a complexidade e demora constitui prejuízo, sobretudo as partes mais fracas [...] e principalmente o dever de criação de mediadas adequadas de informação jurídica para os pobres [...] acredito que, singelamente, pode-se dizer que o acesso ao direito e a justiça é um aspecto fundamental do estado social de direito, típico das sociedades modernas[233].

Verifica-se no presente debate uma postura catalisadora de crescimento do direito de acesso à Justiça. Um forte indício da vivência de democracia, mais participativa, representativa e justa. As discussões remontam décadas de estudos na procura de variáveis que contribuam e elucidem os conceitos. Ao expor os desafios superados, transpondo a significação formal e relatando a sua importância, notam-se aspectos sociológicos que fortalecem a relevância das questões de acesso à Justiça. O que antes derivava de um direito natural, não sendo de responsabilidade do Estado o dever de garanti-lo, que limitava o acesso à parte da população mais abastada e renegada pela própria estrutura jurídica. Fatores como a disponibilidade de recursos para enfrentar o litígio ou a disparidade entre os litigantes não eram sequer percebidos como problemas[234]. Para tanto, "o acesso à justiça, portanto deve ser encarado como o requisito fundamental - o mais básico dos direitos humanos - de um

---

[233] CAPPELLETTI, Mauro. Conferência Acesso à Justiça. **Rev. Minist. Públ.**, v. 1, n. 18. 1985, p. 8, 9.
[234] *Ibidem*, p. 9.

sistema jurídico moderno e igualitário que pretende garantir, e não apenas proclamar os direitos de todos"[235].

Considerado direito natural, o que se extrai dos trechos analisados é uma convergência de que seja aplicado em situações que denotem o uso da assistência jurídica de uma forma justa, célere e eficaz; nos termos de Mauro Cappelletti e Bryant Garth,

> Ou ninguém tem direito a corrigir a lesão a um interesse coletivo, ou o prêmio para qualquer indivíduo buscar essa correção é pequeno demais para induzi-lo a tentar uma ação [...] a justiça que não cumpre suas funções dentro de 'um prazo razoável' é, para muitas pessoas, uma justiça inacessível[236].

Nesse sentido, seu conceito teria simplesmente a função de ser utilizado na resolução das controvérsias de maneira tradicional ou seria possível uma leitura mais ampla, uma nova espécie de modelo utilizado tanto no ambiente estatal quanto no paraestatal para o fim de se produzir um resultado considerado justo? A resposta ao questionamento deve ser dada a cada indivíduo pelas transformações trazidas pelo processo de ressignificação do princípio de acesso, o qual depende de uma mudança na visão das responsabilidades do Estado e dos próprios usuários do sistema, em sua plenitude de direitos sociais e de Justiça. É possível afirmar que limitar o estudo ao simples acesso aos órgãos jurisdicionais já não se apresenta suficiente, muito em razão da nova ordem Constitucional[237].

O desejo de justiça é comum aos indivíduos e pressupõe a possibilidade de ser examinado e demonstrado como intersubjetivamente válido, de forma que o conceito primário de acesso à Justiça é caracterizado como um direito natural, o qual o Estado não teria o dever de garantir, de forma que a Justiça só seria acessível aos mais ricos, ou seja, essa estrutura demonstra aspectos que contribuem para se pensar um novo paradigma de Justiça e de seu acesso.

Visto que o Estado não tem a permissão de se abster dessa responsabilidade, pois trouxe pra si esse dever constitucionalmente, já as questões relacionadas aos recursos apresentam-se como possíveis obstáculos, como bem diz Mauro Cappelletti, quando os fatores como a diferença econômica dos atores

---

[235] CAPPELLETTI; GARTH, 1988, p. 12.
[236] *Ibidem*, p. 21, 26.
[237] WATANABE, Kazuo. Acesso à justiça e sociedade moderna. *In:* WATANABE, Kazuo; GRINOVER, Ada Pellegrini; DINAMARCO, Cândido Rangel. **Participação e processo**. São Paulo: RT, 1988. p. 128-135.

com potencial de acesso ao sistema judiciário não eram considerados, surgiam barreiras que discriminavam os atores[238], embora devesse o acesso à Justiça ser encarado como requisito fundamental. O autor demonstra preocupação com o surgimento dessas barreiras no acesso, e estabelece uma estrutura, chamada de ondas, para que o direito ao acesso à Justiça fosse garantido,

> Em síntese as três ondas do movimento de acesso à justiça são: primeira onda, do acesso aos pobres e necessitados; segunda onda, do acesso aos direitos difusos e coletivos; e terceira onda, voltada para melhoria das técnicas de efetivação e prestação jurisdicional[239].

Extrai-se desses movimentos aspectos de defesa ao acesso. Especificamente dos atores menos abastados, que necessitam de uma melhor estruturação do acesso, de uma ampliação, de alcance de seu poder de justiça. Embora sua conceituação convirja ao entendimento primário de assistência jurídica, busca-se a eficiência com resolução em tempo hábil, razoável e acessível a todos[240]. Desmistificando a ideia de que acesso à Justiça tem fina relação com a questão da hipossuficiência, no sentido de que não basta o acesso ao Poder Judiciário sem os meios para o custeio do processo, tal como explicita Mauro Capelletti,

> A 'capacidade jurídica' pessoal, se relaciona com as vantagens de recursos financeiros e diferenças de educação, meio e status social, é um conceito muito mais rico, e de crucial importância na determinação da acessibilidade da justiça. Ele enfoca as inúmeras barreiras que precisam ser pessoalmente superadas, antes que o direito possa ser efetivamente reivindicado através de nosso aparelho judiciário. Muito (senão a maior parte) das pessoas comuns não podem – ou, ao menos, não conseguem – superar essas barreiras na maioria dos tipos de processo[241].

No tocante financeiro, o autor continua e destaca características que objetiva enriquecer o conceito de acesso à Justiça, demonstrando que, em razão de as questões econômicas ganharem enorme relevância para a sociedade brasileira, as discussões relacionadas aos custos apresentam-se nas agendas como ponto essencial, de garantias ou implementação dos mais variados direitos.

---

[238] CAPPELLETTI; GARTH, 1988, p. 9.
[239] CAPPELLETTI, 2008, p. 210.
[240] CAPPELLETTI; GARTH, 1988, p. 21-26.
[241] CAPPELLETTI; GARTH, 1988, p. 22.

Essas questões, para a população, são relevantes ao se tratar do direito ao acesso à Justiça e também os demais direitos existentes, é comum um entendimento reducionista do que representa o acesso à Justiça, sendo considerado apenas como sinônimo de gratuidade da Justiça. Embora questões econômicas se destaquem como um grave problema social, atrelar o que representa o princípio do acesso à Justiça somente a esse quesito pode proporcionar melhorias, mas também ampliar barreiras[242].

A Constituição Federal de 1988 valora a ideia do império da Justiça e considera como princípio que a Justiça seja alcançada por todos. Ao mesmo tempo em que deve ser relacionado ao prescrito, positivado por uma norma ou dispositivo, tal como enfatiza Eduardo Carlos Bianca Bittar,

> Se a lei (nómos) é uma prescrição de caráter genérico e que a todos vincula, então seu fim é a realização do Bem da comunidade, e, como tal, do Bem Comum. A ação que se vincula à legalidade obedece a uma norma que a todos e para todos é dirigida; como tal, essa ação deve corresponder a um justo legal e a forma de justiça que lhe é por consequência é a aqui chamada justiça legal[243].

As diversas formas de se interpretar o Direito, os aspectos de Justiça e os fundamentos democráticos inaugurados pela Constituição evidenciam que alguns conceitos não devem ser pétreos e muito menos abandonados, para Antônio Carlos Wolkmer, os conceitos devem ter sua racionalidade questionada e acareadas com as novas referências,

> Os paradigmas que produziram um *ethos*, marcado pelo idealismo individual, pelo racionalismo liberal e pelo formalismo positivista, bem como os mantiveram a logicidade do discurso filosófico, científico e jurídico, têm sua racionalidade questionada e substituída por novos modelos de referência. Esses novos paradigmas estão diretamente vinculados "à crescente complexidade dos conflitos, à heterogeneidade socioeconômica, à concentração e centralização do capital, à expansão do intervencionismo estatal, à hipertrofia do executivo etc. À medida que a sociedade é vista como um sistema necessariamente conflituoso, tenso e em permanente transformação, toda e qualquer análise passa a ser considerada válida apenas se for capaz de identificar os fatores de mudanças responsáveis pela contínua inadequação dos modelos culturais tradicionais – entre eles, o Direito[244].

---
[242] CAPPELLETTI, 2008, p. 215.
[243] BITTAR, Eduardo Carlos Bianca. **Curso de filosofia do direito**. 8. ed. São Paulo: Atlas, 2010. p. 130.
[244] WOLKMER, Antonio Carlos. **Introdução ao Pensamento Jurídico Crítico**. 9. ed. São Paulo: Saraiva, 2015. p. 26.

A reflexão acerca da ideia de acesso à Justiça deve ser caracterizada pela vasta literatura produzida, que leva em consideração o fato de que a prestação da tutela jurisdicional deva ser ampla e democrática, adotando práticas e políticas que diminuam diferenças sociais. O fato de ser colocado como direito fundamental constitucionalmente garantido não significa adotar uma compreensão estável do acesso à Justiça, pois tal conceito recebe influências múltiplas com características diferentes de diversos contextos. Daí tem-se a necessidade de compreendê-lo numa perspectiva dinâmica sempre em progresso[245].

A dinâmica dessa discussão apresenta contornos internacionais, identificados, por exemplo, no pacto de San Jose da Costa Rica, o qual trata em uma de suas sessões assuntos pertinentes às garantias judiciais, convencionando em seu art. 8°,

> Que toda pessoa tem direito a ser ouvida, com as devidas garantias e dentro de um prazo razoável, por um juiz ou tribunal competente, independente e imparcial, estabelecido anteriormente por lei, na apuração de qualquer acusação pena formulada contra ela, ou para que se determinem seus direitos ou obrigações de natureza civil, trabalhista, fiscal ou de qualquer outra natureza[246].

Convecção recepcionada pela Constituição Federal de 1988, seu texto foi utilizado como norte para construção dos aspectos envolvendo as garantias de acesso ao estabelecer que todos teriam o direito ao acesso à Justiça, de postular demandas jurisdicionais preventivas ou reparatórias, com vistas a defender ou proteger direitos individuais, coletivos ou difusos, consubstanciando dessa forma o direito constitucional de ação[247]. Esse movimento de recepção destaca de forma ampla que o Estado deve agir com uma postura ativa para garantir a proteção global dos direitos fundamentais, por meio de prestações positivas do Poder Público[248].

Ao ser enquadrado como princípio Constitucional de um acesso generalizado à Justiça, o art. 1° da Constituição assevera que "a República

---

[245] SALDANHA; MEDEIROS, 2018, p. 8.
[246] BRASIL. **Decreto n. 678, de 6 de novembro de 1992**. Anexo: Artigo 8° da 1ª da Convenção Interamericana sobre Direitos Humanos - São José da Costa Rica.
[247] NERY JUNIOR, Nelson. **Constituição Federal comentada e legislação constitucional**. 5. ed. São Paulo: Revista dos Tribunais, 2014. p. 265.
[248] SARLET, Ingo Wolfgang. Direitos fundamentais e direito privado: Algumas considerações em torno da vinculação dos particulares aos direitos fundamentais. In: **A constituição concretizada**: Construindo as pontes com o público e o privado. Porto Alegre: Livraria do Advogado, 2000. p. 118.

Federativa do Brasil (...) se constitui em Estado Democrático de Direito" e segue conjuntamente com que se encontra previsto no inc. XXXV do art. 5º, que dispõe que: "a lei não excluirá da apreciação do Poder judiciário, lesão ou ameaça de direito.". Nesse ponto, a doutrina denomina que o disposto representa também o princípio da inafastabilidade do controle jurisdicional ou princípio do direito de ação[249].

No tocante dos dispositivos Constitucionais, supracitados, a garantia do direito ao acesso ao Poder Judiciário, ao passo que o Código de Processo Civil em seu art. 3º destaca o direito de acesso à jurisdição,

> Art. 3º Não se excluirá da **apreciação jurisdicional** ameaça ou lesão a direito. [...] § 1º É permitida a arbitragem, na forma da lei. [...] § 2º O Estado promoverá, sempre que possível, a solução consensual dos conflitos. [...]
>
> § 3º A conciliação, a mediação e outros métodos de solução consensual de conflitos deverão ser estimulados por juízes, advogados, defensores públicos e membros do Ministério Público, inclusive no curso do processo judicial[250].

Como se nota no caput do art. 3º, o princípio constitucional da inafastabilidade do controle jurisdicional apresenta a ideia de se afastar o monopólio da jurisdição do Estado-juiz. Movimento observado quando da inclusão das formas de resolução frente ao direito lesado, faz-se o uso de estratégias como a arbitragem, conciliação, mediação e outros métodos, o que, segundo José Rogério Cruz e Tucci, objetiva estimular uma cultura de paz e, por consequência, um menor fluxo de processos no judiciário,

> Procurando infundir a cultura da pacificação entre os protagonistas do processo, o CPC/2015, em inúmeros preceitos, sugere a autocomposição. Dispõe, com efeito, o § 2º desse art. 3º que: "O Estado promoverá, sempre que possível, a solução consensual dos conflitos". Dada a evidente relevância social da administração da justiça, o Estado deve mesmo empenhar-se na organização de instituições capacitadas a mediar conflitos entre os cidadãos[251].

Convém ressaltar que o legislador fez a escolha nesse dispositivo pela apreciação jurisdicional ao buscar estabelecer um conceito para acesso à

---

[249] BRASIL, 1988.
[250] BRASIL. **Lei n. 13.105, de 16 de março de 2015**. Código de Processo Civil, Brasília, DF, 2015.
[251] TUCCI, José Rogério Cruz e. Das Normas Fundamentais do Processo Civil Arts. 1º a 12. *In:* Código de Processo Civil Anotado. AASP / OAB-PARANÁ, 2014. p. 7.

Justiça. Entretanto, isso significa que a ninguém será dado a faculdade de renunciar seus direitos frente a uma lesão futura[252].

Posto a questão do disposto citado pelo artigo, estabelece a preocupação de ampliar e modificar a interpretação do conceito de acesso à jurisdição, ao ponto de utilizá-lo como sinônimo de acesso à Justiça. Ocorre que mesmo acrescentando novas formas de resolução de conflitos, com exceção da arbitragem, estas serão aplicadas em decorrência da provocação ao judiciário, ou seja, ainda há resquícios do monopólio do Estado-juiz. Assim, é preciso insistir no fato, segundo Nelson Nery Junior, de que toda a edificação de direitos e princípios identificados até o presente momento revela outro princípio constitucional, o do direito de ação, que visa garantir ao jurisdicionado o direito de obter do Poder Judiciário a tutela jurisdicional mais adequada[253], mesmo em casos em que a Lei não apresente resposta ou em pontos que não exista uma Lei específica, como dispõe o art. 4 da Lei de introdução do Código Civil, que diz: "quando a lei for omissa, o juiz decidirá o caso de acordo com a analogia, os costumes e os princípios gerais do direito[254]".

Assim, o uso da expressão acesso à Justiça passa a designar uma série de análises, discussões, medidas de gestão judiciária, políticas e outros aspectos que caracterizam o fato de qualquer cidadão acessar o judiciário e receber dele resposta para seus problemas jurídicos da forma mais satisfatória e adequada possível[255], indo além do entendimento do simples acesso aos tribunais. Compreensão que se torna inevitável se levado em consideração o que abriga o texto da Constituição. Embora não tenha força normativa, destaca as intenções de se instituir um Estado Democrático, elegendo valores como o da justiça, para nortear suas ações, destinando-se a assegurar o exercício pleno dos direitos, em uma sociedade fraterna e pluralista[256].

José Joaquim Gomes Canotilho acentua a complexidade e a ambivalência das questões relacionadas ao acesso. Por um lado, visam defender os direitos e o acesso de todos aos tribunais reiteradamente considerados, como o coroamento do Estado de Direito. Por outro lado, considera-se que a abertura da via judiciária é um direito fundamental formal e extrai-se da prática cotidiana dos tribunais, da experiência das pessoas e do contexto vivenciado. Dessa forma, propõe a quem se destina a norma uma visão estrita

---

[252] Ibidem, p. 5.
[253] NERY JUNIOR, 2014, p. 233.
[254] BRASIL. Decreto-lei n. 4.657, de 4 de setembro de 1942.
[255] SALDANHA; MEDEIROS, 2018, p. 5.
[256] NALINI, José Renato. Novas perspectivas no acesso à justiça. **Revista CEJ**, v. 1, n. 3, set./dez. 1997. s/p.

do acesso à Justiça: como sendo apenas aos tribunais. Afirmação esta que se apresenta insuficiente diante dos obstáculos encontrados para o acesso justo à ordem jurídica[257].

Registre-se até o presente momento que a efetividade da garantia ao acesso à Justiça é condicionada à facilidade de ingresso no Poder Judiciário para solução das mais diversas lides. E que para um justo e efetivo exercício dos direitos materiais lesados seja alargado ao maior número de pessoas, de forma mais heterogêneo possível, por igual razão o acesso à jurisdição. Pontuando assim, que de fato funcione como garantidor do exercício do direito material e dos direitos fundamentais[258].

Recordando que o valor da Justiça tem sido objeto e foco de inúmeras discussões e que a compreensão do direito fundamental ao acesso à Justiça se vale da ideia de superação de barreiras dos desafios impostos pela sociedade. Compreendendo as demandas sociais cada vez mais crescentes, encontram um Judiciário assoberbado, que tem dificuldades em conseguir resolver as questões postas ao julgamento, seja pela quantidade, seja pela qualidade das proposições efetivadas. Agrava-se, ainda, a necessidade cultural em buscar as soluções por um terceiro, utilizando o Estado-Juiz como um fornecedor de decisões[259].

A esse respeito, Gustavo Santana Nogueira e Suzane de Almeida Pimentel Nogueira ensinam que,

> Se o Judiciário deve ser o local onde os conflitos terminam, e não começam, pode-se afirmar que no Brasil é o oposto, ou seja, o Judiciário é o local onde as disputas começam. Essa afirmação pode ser observada com uma simples análise dos assustadores números divulgados anualmente pelas Cortes Superiores, contabilizando apenas o Superior Tribunal de Justiça STJ e o Supremo Tribunal Federal STF [...] são números expressivos que deveriam fazer todos refletirem sobre ser ou não o Judiciário o local mais apropriado para a resolução dos conflitos que só aumentam[260].

---

[257] CANOTILHO, 2011, *passim*.
[258] SALDANHA; MEDEIROS, 2018, p. 6.
[259] JOBIM, Marco Félix. **Cultura, escolas e fases metodológicas do processo**. 3. ed. rev. atual. de acordo com o novo CPC. Porto Alegre: Livraria do Advogado, 2016. p. 86.
[260] NOGUEIRA, Gustavo Santana; NOGUEIRA, Suzane de Almeida Pimentel. **O Sistema de Múltiplas portas e o acesso à justiça no Brasil**: Perspectivas A Partir Do Novo Código De Processo Civil. Novo Processo Civil. v. 1. Fev., 2018, p. 5.

Por tais razões, Ada Pellegrini Grinover, Antônio Herman de Vasconcellos e Benjamin, Daniel Roberto Fink, José Geraldo Brito Filomeno, Kazuo Watanabe, Nelson Nery Júnior, Zelmo Denar dizem que,

> O Estado em sua responsabilidade de efetivar o acesso à justiça deve transpor inúmeros desafios como, a organização judiciária de dos serviços voltados a resolução de conflitos mais adequadas à realidade do país, implementar de forma adequada o direito à informação com orientação e informação jurídica; a remoção dos diferentes obstáculos (econômico, social, cultural, e de outras espécies) que se anteponham ao acesso à ordem jurídica justa e fomentar a pesquisa interdisciplinar permanente para o aperfeiçoamento do direito material e das perspectivas do acesso à justiça[261].

O viés Constitucional adotado garante uma série de instrumentos de defesa coletiva dos direitos e foca em um acesso à Justiça voltado para as classes economicamente menos favorecidas. Com o tempo, mudanças legislativas com a finalidade de dar uma maior celeridade à prestação jurisdicional e concretude ao princípio de acesso à Justiça se fazem necessárias para tornar as barreiras hoje existentes ineficientes.

As mudanças de concepção do Estado influenciam a mudança do conceito de maneira ativa. Desde os primórdios das discussões sobre o acesso à Justiça, ocorridos no Projeto Florença, como destaca Ada Pellegrini Grinover, Kazuo Watanabe, Carlos Alberto De Salles, Daniela Monteiro Gabbay, Valeria Ferioli Lagrasta Luchiari, Masahiko Omur,

> Desde a elaboração do Projeto Florença sobre acesso à justiça de Mauro Cappelletti; que naquela época havia presenciado inúmeras mudanças ocorridas pelo mundo. Sendo importante destacar que no momento do projeto Florença, vivia-se a realidade pós-segunda guerra mundial, tendo os diversos países que foram objeto do estudo passado por intensas transformações sociais, econômicas e políticas que impactaram no efetivo acesso à justiça; e essa evolução do tema influenciou o conceito Brasileiro de Acesso à Justiça. Entretanto, esse conceito, tendo em vista a moderna sociedade, deve partir da premissa de que o efetivo acesso à justiça é aquele que gera acesso à ordem jurídica justa, o que vai além do acesso ao

---

[261] GRINOVER, Ada Pellegrini; VASCONCELLOS E BENJAMIN, Antônio Herman de; FINK Daniel Roberto; FILOMENO, José Geraldo Brito; WATANABE, Kazuo; NERY JÚNIOR, Nelson; DENARI, Zelmo. **Código brasileiro de defesa do consumidor**: comentado pelos autores do anteprojeto. 9. ed. Rio de Janeiro: Forense Universitária, 2007. p. 148, 149.

Judiciário, não podendo o tema ser estudado nos acanhados limites de acesso aos órgãos judiciários existentes no país[262].

Com essa missão estabelecida, Mauro Cappelletti contribui ainda mais para uma reforma e salienta que há,

> Necessidade de inverter a ótica da análise dos problemas jurídicos, propondo um novo método de pensamento, que retire a tônica dos juristas (operadores do direito), e passe a concentrar suas preocupações nos "consumidores" da justiça, verdadeiros destinatários da prestação jurisdicional[263].

É certo que com o passar dos anos muda-se o entendimento dos mais variados conceitos, e nesse aspecto a concepção de acesso à Justiça não é deixada de lado. Bem como se observou anteriormente, é atrelada em paralelo às mudanças de concepção de Estado e não estão especificamente preocupados com o "consumidor"[264].

Verifica-se que a atenção empregada à discussão dos motivos que levam o direito fundamental de acesso não se apresenta frutível por todos, e sim a alguns privilegiados; incomoda os atores políticos e sociais convergindo no questionamento do papel do Estado, e de que forma a função institucional deveria agir para dirimir os reflexos das preocupações sociais[265]. Ou seja, mais uma vez verifica-se o surgimento das discussões sobre o acesso à Justiça conjuntamente com o pensar da função do Estado.

Por essa razão, busca-se uma forma de amplificar os sentidos desse conceito, respeitando as questões culturais, econômicas e sociais. Devendo estas estar em primeiro plano na análise do acesso à Justiça, nos termos de Ada Pellegrini Grinover, Kazuo Watanabe, Carlos Alberto De Salles, Daniela Monteiro Gabbay, Valeria Ferioli Lagrasta Luchiari, Masahiko Omur,

> É importante considerar que, estando o acesso à justiça intimamente relacionado com as condições sociais, políticas e econômicas do país, a dimensão continental do Brasil deve ser considerada, assim como a imensa diversidade regional,

---

[262] GRINOVER, Ada Pellegrini; WATANABE, Kazuo; SALLES, Carlos Alberto de; GABBAY, Daniela Monteiro; LUCHIARI, Valeria Ferioli Lagrasta; OMURA, Masahiko. Conferência de Seoul 2014 constituição e processo - acesso efetivo à justiça: o direito de acesso à justiça e responsabilidades públicas. **Revista de Processo**, v. 250. 2015. p. 2.

[263] CAPPELLETTI, 2008, p. 210.

[264] Quando usada a expressão "consumidor" entre aspas, é no entendimento dado por CAPPELLETTI, sendo estes os consumidores da Justiça.

[265] ROTHENBURG, Walter Claudius; RAMOS, Cristiane Ferreira Gomes. Varas distritais e competência previdenciária ou assistencial: o direito fundamental de acesso à justiça. **Revista de Processo**, v. 252. fev. 2016. p. 8.

pois há grande variação de índices de base como educação, ocupação e renda. A diversidade indica variações tão contrastantes entre as regiões do país que é comum se ouvir que é possível encontrar diversos "Brasis" dentro do Brasil[266].

Categoricamente, é preciso ter em mente que a redução do acesso à Justiça ao mero ingresso ao Poder Judiciário se encontra ultrapassada. Devido à nova ordem social do Estado, por assim dizer, os valores e direitos fundamentais para o indivíduo em sua condição humana devem ser tratados como princípio basilar de Justiça[267]. É o que recolhe da lição de Mauro Cappelletti, ao definir a existência de barreiras e a necessidade de transpô-las, para que se tenha um novo pensamento acerca do princípio do acesso à Justiça,

> O problema do "acesso" se apresenta em dois aspectos principais: de um lado, como "efetividade" dos direitos sociais, que não devem ficar ao nível das declarações meramente teóricas, mas sim, devem, efetivamente, atuar sobre a situação econômico-social dos indivíduos, pelo que requerem um grande aparato governamental de atuação; por outro, também como busca de formas e de métodos, muitas vezes novos e alternativos àquelas tradicionais, para a "racionalização" e "controle", bem como, para proteção contra os abusos que ele mesmo pode acarretar direta ou indiretamente[268].

O respeito à constitucionalização dos direitos do cidadão e o cumprimento dos deveres do Estado, no caso da efetividade ao acesso à Justiça, se dá em oportunizar à população condições de defesa de seus direitos. Acerca da presente questão, Mauro Cappelletti vai além da simples tarefa de oportunizar esse acesso. Ele estabelece que o dever de buscar novas alternativas para o acesso à Justiça, além de ser dever do Estado Brasileiro, deve também ser eficaz na maior medida possível, indo além do conceito considerado direito fundamental[269].

Sobretudo, apresentar formas de descentralizar o Poder Judiciário, com vistas a facilitar o atendimento das demandas dos cidadãos; e nesse caso em especial, usa-se o termo *cidadão*, pois o acesso à Justiça não é princípio

---

[266] GRINOVER; WATANABE; SALLES *et al.*, 2015, p. 3.
[267] VAUGHN, Gustavo Fávero. A jurisprudência defensiva no STJ à luz dos princípios do acesso à justiça e da celeridade processual. **Revista de Processo**, v. 254, abr. 2016. p. 2.
[268] CAPPELLETTI, 2008, p. 214.
[269] JÚNIOR, João Carlos Leal. Neoconstitucionalismo e o acesso à justiça no Estado brasileiro contemporâneo. **Revista de Processo**, v. 265, mar. 2017. p. 13.

dirigido exclusivamente ao autor, este também se destina ao réu[270]; é adequar o Estado às novas perspectivas que o futuro reserva.

O foco do princípio constitucional de acesso à Justiça não trata somente de possibilitar que cidadão leve seu conflito ao judiciário como instituição estatal, de forma que não basta só abrir as portas do judiciário, mas também pensar em estratégias para que as mantenham abertas, com variadas portas que encaminhem o consumidor a uma ordem jurídica justa[271].

Deve ser extraído desse direito fundamental o máximo de conteúdo e realização que possa oferecer[272], não se tratando de um movimento limitado à justiça em seu significado judicial, e sim de maneira mais ampla, como nos termos de Gustavo Santana Nogueira e Suzane de Almeida Pimentel Nogueira,

> Abarca áreas muito mais vastas, como o acesso à educação, ao trabalho, ao descanso, à saúde[273], pressupõe o direito à informação e perfeito conhecimento do direito substancial; o direito a uma justiça adequadamente organizada e inserida na realidade social, direito a instrumentos processuais capazes de promover uma efetiva proteção e, por fim, a remoção de obstáculos que impeçam a efetividade do acesso à justiça[274].

Independentemente das políticas adotadas, da ausência ou da presença de regulamentação existentes que visam romper as barreiras ao acesso à justiça, como por exemplo a celeridade processual e a dificuldade no acesso de informações. A busca por uma maior amplificação do acesso significa não negligenciar os desafios já postos, nem mesmo colocá-los em confronto sem o intuito de estabelecer a necessidade de escolha entre uma ou outra estratégia. Tendo o objetivo de alcançar e conciliar as estratégias ou métodos a fim de possibilitar uma ordem jurídica célere aliada ao exercício pleno do acesso à Justiça[275].

Imposta, assim, a obrigatoriedade de se produzir resultados justos aos olhos da sociedade e dos indivíduos, as convicções por meio de técnicas que tutelem os direitos materiais e sejam igualmente acessíveis a todos[276] os "consumidores". De certa forma, compreender que os poderes do Estado e

---

[270] *Ibidem*, p. 10.
[271] NOGUEIRA SANTANA; NOGUEIRA PIMENTEL, 2018, p. 6.
[272] ROTHENBURG; RAMOS, 2016, p. 9, 10.
[273] CAPPELLETTI, 2008, p. 215.
[274] NOGUEIRA SANTANA; NOGUEIRA PIMENTEL, 2018, p. 6.
[275] VAUGHN, 2016, p. 2.
[276] JÚNIOR, 2017, p. 9.

do Judiciário só terão alcançado o ideal quando todo esse processo estiver ao alcance e na palma da mão de cada cidadão.

O fenômeno examinado diz respeito a todos os campos da sociedade e do Estado, mesmo os não jurisdicionais, pois os reflexos do aparato estatal e paraestatal não selecionam os que serão atingidos. E vale destacar o caráter genuinamente revolucionário do movimento do acesso à Justiça na nova configuração de múltiplas sociedades[277]. Tal qual o acesso à Justiça é pedra fundamental nas discussões inerentes à busca de justiça, visto que seu entendimento traz uma mudança de olhar, característica essencial para o início da transformação da atual situação do Poder Judiciário[278].

Por essas razões, torna-se dever dos operadores do Direito modificarem seus olhares e observarem melhor os conflitos que vêm surgindo, com o foco de poder traçar alternativas para resolver as situações; analisando e comparando o tempo dos caminhos existentes para a resolução, seus custos financeiros e quais são os ganhos de cada estratégia, perseguindo o objetivo de apresentar a melhor forma para efetivar a sensação de uma solução mais próxima do justo aos interesses do "consumidor". Devem se atentar ao distanciamento das reais exigências da sociedade, sem temer aos perigos da opressão, do "burocratismo" governamental, do legalismo, do tecnicismo jurídico-administrativo ao exercer da melhor maneira possível sua função social[279]. A fim de contribui para a mudança de comportamento dos operadores envolvidos com o Direito, do Estado e, por consequência, a transformação da visão do cidadão e de seu entendimento do que vem a ser justiça, rompendo barreiras físicas e morais, contribuindo, assim, para o surgimento de um novo pensamento jurídico.

## 2.4 MÉTODOS DE RESOLUÇÃO DE CONFLITOS NO BRASIL: TEORIA *MULTIDOOR COURTHOUSE SYSTEM* DE FRANK SANDER

Existem diversas estratégias no meio jurídico que visam ao controle da crise do judiciário. Com metas atribuídas tendo o intuito de reduzir o tempo e o custo dos processos litigiosos; de melhorar o acesso; de descongestionar os tribunais; e de fornecer respostas mais eficazes. Essas metas podem vir a entrar em conflito com princípios que orientam o Poder Judiciário, em

---
[277] CAPPELLETTI, 2008, p. 219.
[278] AZEREDO; MOURA, 2016, p. 3.
[279] CAPPELLETTI, 2008. p. 219.

particular, no embate entre qualidade e quantidade. Ocorre que se o foco for reduzir a número de processos nos tribunais, é possível que algumas técnicas e decisões adotadas sofram com a qualidade. Em contrapartida, se o foco é estritamente na qualidade, é provável que o impacto quantitativo alcançado não seja relevante[280].

Essas metas contribuíram para discussões a respeito da forma de conciliar as diversas variáveis com o objetivo central na melhoria da máquina adjudicatória formal. E o caminho escolhido para se atender às demandas judiciais dos "consumidores" e respeitar os deveres atribuídos ao Estado foi o de se adaptar a teoria do tribunal multiportas, dessa forma, é interessante conhecer os aspectos dessa teoria e posteriormente as adaptabilidades com o ordenamento nacional.

A teoria multiportas, doravante *Multidoor Courthouse System*[281], inicialmente denominada de *Comprehensive Center of Justice*[282], foi desenvolvida pelo matemático, professor emérito da faculdade de Direito de Harvard, Frank Ernest Arnold Sander, no ano de 1976. Essa teoria foi apresentada na *Global Pound Conference*, ocorrida na cidade de Saint Paul, Minnesota, Estados Unidos da América, compartilhada em um documento de sua autoria denominado *Varieties of dispute processing*[283], no qual propõe a utilização de outras possibilidades de resolução de conflito com a finalidade de reduzir a dependência do juiz julgador[284].

O documento defendido nessa conferência discute a incapacidade do judiciário em lidar de forma adequada e eficiente com as situações conflituosas que eram submetidas. Apresenta-se como ideia principal a de um centro abrangente de Justiça, e alertar que o Poder Judiciário não é a única porta, ou a única solução, e muito menos a melhor escolha em determinadas situações. Sugere soluções para uma panóplia flexível e diversificada de processos ao atender às necessidades sistemáticas de categorias inteiras, de

---

[280] SANDER, Frank E. A. Future of ADR: The Earl F. Nelson Memorial Lecture. **Journal of Dispute Resolution**, Scholarship Repository, v. 2000, Issue 1, Art. 5, 2000. p. 3, 4.

[281] Termo cunhado por um dos editores das revistas da ABA [*American Bar Association*, equivalente a Ordem dos Advogados dos Estados Unidos], que utilizou o termo no título do artigo publicado sobre a palestra dada na conferência e na capa da revista, representou a teoria com uma grande quantidade de portas e chamaram de Tribunal Multiportas. JOHNSON, Earl. The Pound Conference Remembered. Dispute Resolution Magazine. published quarterly. ABA. v. 19, n. 1. Fall, 2012, p. 7.

[282] Centro abrangente de Justiça. ALMEIDA, Rafael Alves; ALMEIDA, Tania; CRESPO, Mariana Hernandez. **Tribunal Multiportas**: investindo no capital social para maximizar o sistema de solução de conflitos no Brasil. Rio de Janeiro: FGV, 2012. p. 32.

[283] Variedades do processamento de litígios.

[284] ALMEIDA; ALVES; ALMEIDA; TANIA; CRESPO, 2012, p. 27.

certos tipos de casos e também as circunstâncias únicas apresentadas em casos particulares. Assim, o queixoso seria atendido por meio de um funcionário de triagem e depois direcionado para o processo ou sequência de processos mais apropriados ao seu tipo de caso[285].

O organograma do sistema multiportas tem como um dos seus objetivos auxiliar na desobstrução dos caminhos para a Justiça, respeitando os cinco critérios de triagem. Os casos diagnosticados serão encaminhados para uma das portas definidas por Frank Sander em sua teoria. As portas são assim denominadas: *Screening clerk;* Mediação; Arbitragem; *Fact findinf, Malpractice screening panel,* Corte superior, *Ombudsman*[286]. No qual o método expõe a necessidade de uma análise prévia das chamadas portas e suas formas de solução de conflitos. Algumas delas já conhecidas e debatidas, por exemplo, mediação, arbitragem, negociação, a "med-arb" e *Malpractice screening panel.* Essas duas últimas são pouco conhecidas no Brasil[287].

Decidir qual o processo ou processos é mais apropriado para uma disputa em particular, é um dos maiores desafios dessa teoria. Seu alcance se estende a qualquer configuração em que as disputas estão pendentes, em seguida, quais recursos disponibilizados pelo processo formal e/ou pelo caso e/ou se as partes apontam para um método específico de solução que aproxime a realidade dos atores à capacidade e ao procedimento que melhor supera os obstáculos à resolução efetiva[288].

Em seguida, apresentaremos as portas das teorias multiportas com o objetivo de discutir suas especificidades e aproximá-las aos conceitos aqui explorados. Sem a prestenção de verificar sua eficiência em relação à sua aplicabilidade diante dos processos.

### 2.4.1 Porta 1: *Screening clerk* ou Triagem

A definição da primeira porta, *Screening clerk* (triagem), do sistema é comum a todos os casos que devem ser diagnosticados e triados por parâmetros pré-estabelecidos. Primeiramente, verifica-se a natureza da

---

[285] MAIN, 2005, p. 336.
[286] HEDEEN, Timothy. **Remodeling the Multi-Door Courthouse To "Fit the Forum to the Folks":** How Screening and Preparation Will Enhance ADR, 95 Marq. L. Rev. 941. 2012, p. 942, 943.
[287] NETO João Luiz Lessa. O novo CPC adotou o modelo multiportas! E agora?! **Revista de Processo**, v. 244, jun. 2015. p. 1.
[288] SANDER, Frank E. A; ROZDEICZER, L.; Matching Cases and Dispute Resolution Procedures: Detailed Analysis Leading to a Mediation-Centered Approach. **Harvard Review**, v. 11, 2006. p. 1, 11-27.

disputa, sendo importante estabelecer a origem do problema e identificar as características do conflito. Com isso, a tarefa de direcionar para uma porta se torna menos complexa e atende às demandas.

De acordo com a natureza do conflito, no primeiro passo, verifica-se a necessidade da interferência de um terceiro na tomada de decisão tendo ou não o papel de facilitador, com o fim de diminuir as dificuldades de comunicação respeitosa entre as partes. Já no segundo, deve-se compreender qual o tipo e profundidade do relacionamento existente entre as partes, a depender do tipo de relacionamento, duradouro ou temporário. A porta a ser direcionada deve levar em conta se o resultado pretendido deve ou não estabelecer estratégias que preservem o relacionamento, em que as partes cooperem para encontrar soluções factíveis. Observa-se nos dois passos critérios que se auxiliam e apresentam semelhanças, mas no conjunto são distintos, sendo de grande importância sua identificação para uma efetividade da triagem[289].

A continuidade do processo de triagem é estabelecida no terceiro ponto de análise ao identificar o valor da disputa. Ao estruturar um comparativo que possibilite perceber se os valores envolvidos na disputa são proporcionais aos valores disponibilizados para a condução do processo judicial ou não, que envolvem valores de custas, honorários, gastos pessoais e outros. Dessa forma, se a proporção dos valores for desequilibrada, e as partes não puderem estar em pé de igualdade, a porta direcionada deve atentar-se para a proteção de um processo justo diante das Leis[290].

Nesse ponto, é importante destacar que os critérios, quarto e quinto, dependem de análises jurimétricas previamente elaboradas para se obter os dados de custo e tempo depreendido na solução de cada conflito. Resultados observados por meio do levantamento de decisões judiciais ou extrajudiciais, que cada caso apresenta. A partir desses bancos de dados de decisões, é possível apresentar resultados que contribuam para um melhor encaminhamento dos casos, a suas determinadas portas, visto que o quarto critério visa estabelecer quais os custos envolvidos para a resolução do conflito, pelos caminhos judiciais ou não, se o custo-benefício do caminho escolhido é equânime, ou de que algum modo traga vantagens para as partes.

---

[289] GOLDBERG, Stephen B; SANDER, Frank E. A.; ROGERS, Nancy H.; COLE, Sarah Rudolph. **Dispute Resolution**: negotiation, mediation and other processes. Sixth edition. New York: Wolters Kluwer Law & Business. Aspen casebook series. 2012, p. 671.
[290] GOLDBERG; SANDER; ROGERS; COLE, 2012, p. 653, 654.

No quinto critério, busca-se apresentar as probabilidades de tempo gasto para resolução do conflito, assim, a escolha do método é baseada de acordo com a forma mais rápida na resolução do conflito. Mariana Hernandez Crespo ressalta os aspectos inovadores presentes na teoria do tribunal multiportas, que direciona os processos que chegam para os métodos mais adequados para solução dos conflitos, reduzindo os custos primários, tempo e dinheiro para as partes e, consequentemente, para os tribunais[291].

O sistema de múltiplas portas oferece alternativas para o alívio das dificuldades criadas pelo Direito substantivo e processual, bem como o respeito à liberdade das partes, elasticidade e luminância aos envolvidos. Além de oferecer regras flexíveis de evidências e procedimentos, ou seja, remédios sob medida. E chama atenção por tratar-se de métodos simples e com menos burocracia, contribuindo para o fortalecimento do acesso à jurisdição e um relacionamento mais casual com a lei substantiva. Entretanto, Thomas O. Main adverte que embora o sistema de múltiplas portas tenha semelhanças com o sistema tradicional adjudicatório, pode vir a ser um problema diante da irresponsabilidade dos atores envolvidos, da falta de sigilo, da incapacidade de estender seu alcance jurisdicional para além das partes envolvidas e de presente vulnerabilidade vista no sistema e que podem ser capturadas por interesses especiais[292].

### 2.4.2 Porta 2: Mediação

A mediação caracteriza-se por ser um dos métodos mais hospitaleiros e eficazes para boa parte das situações. Além de ser uma solução mais simplificada, fácil de usar e acessível, proporciona respostas mais assertivas na maioria dos casos, exceto em um grupo limitado de situações em que caia em uma das raras situações em que a mediação não é apropriada. Sendo a mediação apropriada, decidir qual a técnica de tipo de mediação deve ser utilizada, avaliativa, facilitadora, transformadora e outras[293], deve ser levado em conta.

Esse formato hospitaleiro é quase sempre um processo de partida superior aos outros métodos, por conglomerar argumentos que identificam benefícios macros e micros dentro do sistema. Os macros benefícios

---

[291] ALMEIDA, ALVES; ALMEIDA, TANIA; CRESPO, 2012, p. 26.
[292] MAIN, 2005, p. 330.
[293] SANDER; ROZDEICZER, 2006, p. 1.

estão presentes normalmente em qualquer tipo de mediação escolhida, e na maioria dos casos são capazes de resolver o conflito, mesmo que o resultado final não produza um acordo no transcorrer do processo. O mediador nesse sentido pode perceber indícios que demonstrem a necessidade de indicação de outro método de resolução, e mesmo sendo este o caso, de um não acordo, é possível aparar algumas arestas restantes que podem vir a deixar o ponto de conflito mais específico, especialmente se for um ponto de procedimento mais coercitivo, o qual contribua para celeridade do julgamento[294].

Por ser mais flexível, ajusta-se a diversos contextos e acomoda diferentes realidades pessoais. Apresenta maior probabilidade de que o acordo seja cumprido e de que responda às necessidades de ambas as partes na disputa, o que supera os resultados incertos de uma adjudicação formal, tendendo a apresentar uma taxa de satisfação dos participantes mais alta em comparação com outro procedimento[295].

Frank Sander e Lukasz Rozdeicer ponderam que os micros benefícios da mediação são caracterizados por estarem presentes em casos e partes específicas, denominados de benefícios micro biopsicológicos. Por exemplo, o de esclarecer o cerne das questões envolvidas; ajudar a canalizar ou controlar a raiva ou outras emoções negativas; dar a uma ou ambas as partes a oportunidade de contar suas histórias e de serem totalmente ouvidas pelo outro lado; proporcionar oportunidade para um pedido de desculpas; fornecer um ambiente confidencial para explorar os interesses e necessidades de cada um; explorar possibilidades de soluções criativas; ajudar a educar os tomadores de decisão de ambos os lados; fornecer um intermediário que possa tornar as ofertas e contrapartidas mais aceitáveis[296].

Trata-se, portanto, de um processo com maior potencial de criação de valor, o mais apropriado para tratar a controvérsia e melhor satisfazer os interesses de ambas as partes. Apresenta-se como sendo o método que mais se aproxima ao da mediação, devendo ser o processo de primeira escolha e, caso o método não se apresente o mais apropriado, deve-se retornar à parte de investigação e triagem e redefinir qual o método, melhor se adequa diante das outras portas existentes[297].

---

[294] *Ibidem*, p. 32-36.
[295] *Ibidem*, p. 32-36.
[296] SANDER; ROZDEICZER, 2006, p. 32-36.
[297] *Ibidem*, p. 32-36.

## 2.4.3 Porta 3: Arbitragem

Modalidade utilizada desde os primórdios do Direito Processual. Já integra o processo civil brasileiro, principalmente em temas cuja expertise é bastante sofisticada[298] e funciona como um mecanismo pelo qual as partes titulares de um interesse disponível em conflito voluntariamente nomeiam um ou mais de um terceiro, independente e imparcial, alheio ao litígio denominado árbitro. Sendo encarregado de apresentar ou proferir uma decisão para o caso arbitrado, mostrando-se como solução equivalente a uma sentença judicial imposta coativamente[299].

O método arbitral traz em sua composição a característica principal da coercibilidade e a capacidade de dar fim ao conflito, o que segundo Fernanda Tartuce é relacionado à estrutura do processo,

> Na arbitragem, a decisão sobre o conflito será proferida por uma pessoa de confiança, mas equidistante em relação às partes; o árbitro, embora desprovido de poder estatal (porquanto não integrante do quadro dos agentes públicos), profere decisão com força vinculativa[300].

Inserida pela terceira onda renovatória de acesso à Justiça, pauta-se pela heterocomposição, e se obtém uma resolução da controvérsia proferida por um terceiro previamente definido e acordado pelas partes, que limita o campo de revisão do acordo alcançado. Normalmente, quando o árbitro é selecionado pelas partes, esse tem poder de decisão e é especialista na matéria que circula o caso. Sendo um procedimento mais flexível que o sistema tradicional, principalmente quanto às normas de Direito substantivo que podem ser adotadas, além de que as partes podem apresentar provas e documentos em oportunidades acordadas entre os envolvidos. Ao fim, sua decisão é embasada por princípios jurídicos e opiniões arrazoadas, pertinentes e específicas ao caso concreto[301].

Seu uso nos Estados Unidos, segundo José Renato Nalini, vem a ser considerado menos favorável do que a mediação. Em cotejo com a mediação, a arbitragem perde pelo fato de depreender mais tempo; de custar signi-

---
[298] SANTOS, Moacyr Amaral. **Primeiras Linhas de direito processual civil**. 27. ed. São Paulo: Saraiva. 2010. v. 1, p. 38.
[299] CÂMARA, Alexandre Freitas. **Arbitragem**: Lei n. 9.307/96. 4. ed. Rio de Janeiro: Lumen Juris, 2005. p. 10.
[300] TARTUCE, 2018, p. 60.
[301] OLIVEIRA, Luthyana Demarchi de; SPENGLER, Fabiana Marion. **O Fórum Múltiplas Portas como política pública de acesso à justiça e à pacificação social** [recurso eletrônico]. Curitiba: Multideia. 2013. p. 97, 98.

ficativamente mais e propiciar uma experiência, em certos casos, menos satisfatória de acordo com seus partícipes[302].

Entretanto, a arbitragem carrega consigo algumas vantagens, a despeito de ser um procedimento que mais se aproxima de um processo judicial tradicional,

> Antes de iniciada a arbitragem, as partes têm controle sobre o procedimento na medida em que podem escolher o(s) árbitro(s) e as regras procedimentais da preparação à decisão arbitral. Havendo consenso entre as partes quanto ao procedimento, a liberdade de escolha estende-se inclusive ao direito e a possibilidade de julgamento por equidade pelo árbitro. [...] é conhecida por ser mais sigilosa e célere que o processo judicial na maior parte dos casos. A menos que estejam limitadas por regras acordadas anteriormente, as partes e seus advogados podem controlar o processo e agilizá-lo drasticamente, reduzindo custos e tempo[303].

No entanto, a arbitragem tem em sua configuração tendência a voltar-se para um instrumento de iniciativa privada, que se afasta da intervenção estatal, visto que seus árbitros quase que rotineiramente não pertencem ao quadro judicial. Essa estrutura, a princípio, é mais indicada a solucionar controvérsias entre partes em pé de igualdade na busca de decisões que abordem pontos peculiares. Sua aplicabilidade se caracteriza pelo Poder que as partes têm de submeter suas dificuldades a um terceiro e de que a decisão tem força de título extrajudicial.

Por fim, ambas, a conciliação e a mediação, apresentam-se como métodos pacíficos e autocompositivos. A arbitragem, mesmo dependendo de uma heterocomposição e de uma decisão de terceiro, também é parte dos métodos de solução de controvérsias, posicionada como uma das portas do tribunal multiportas, em conjunto das alternativas[304].

## 2.4.4 Porta 4: *Fact findinf*

A porta 4, denominada de *Fact Findinf*, caracteriza-se por ser um procedimento utilizado quando o processo da porta *Screening clerk* não

---

[302] NALINI, 2016, p. 30.
[303] BRASIL. CNJ. **Manual de Mediação Judicial**. 6. ed. Brasília/DF: CNJ, 2016. p. 24.
[304] ZANETI JR., Hermes; CABRAL, Trícia Navarro Xavier. **Justiça Multiportas**: mediação, conciliação, arbitragem e outros meios de solução adequada para conflitos. Coleção grandes temas do novo CPC. v. 9. Salvador: Juspodivm, 2016, *passim*.

obteve êxito em direcionar o caso a uma das portas de solução. Trata-se de uma porta destinada a realizar pesquisas preliminares, reúne informações sobre uma situação específica, permitindo o processo ser conduzido pelas figuras de um mediador e um árbitro conjuntamente, em uma audiência de apuração de fatos[305].

É possível também ser conduzida por uma figura institucional, que detém a tarefa de elaborar as pesquisas de dados, compilar as queixas e buscar informações providas por atores envolvidos indiretamente no caso, por meio de instrumentos comprobatórios. Seu objetivo é o de identificar e orientar estratégias de resolução para cada tópico pendente, prevenindo disputas, fomentando o processo e preparando o caminho para a aplicação de alguns dos métodos de resolução, na busca de facilitar a chegada a um acordo[306].

### 2.4.5 Porta 5: *Malpractice screening panel*

A porta 5, traduzida para o português, define-se com o uso de mandatos de participação obrigatória nos processos de resolução de disputas. Alguns tribunais, em tipos específicos de casos ou de processos selecionados pelos tribunais, são enviados por atacado aos fóruns multiportas. Tendo a participação como compulsória, logo na triagem, verifica-se a existência de estabelecimento de participação obrigatória das partes para o processo em questão e é enquadrada como um pré-requisito para iniciar um litígio.

Entretanto, o nível de participação necessária é previamente definido e, em alguns casos, a participação obrigatória é apenas na orientação de mediação (*mediation "orientation"*) e, em outros casos, as partes podem ser solicitadas a participar de uma sessão completa de solução de controvérsias. Devendo fornecer informações, a permanecer um período de tempo, se não forem dispensados por terceiros neutros, a fornecer autoridade de solução, a negociar de boa-fé ou a participar de uma maneira significativa[307].

### 2.4.6 Porta 6: Corte superior

A sexta porta compreende-se pelo encaminhamento para a resolução tradicional, visto que o sistema comporta mecanismos obrigatórios e

---
[305] GOLDBERG; SANDER; ROGERS; COLE, 2012, p. 633.
[306] HEDEEN, 2012, p. 942, 943.
[307] GOLDBERG; SANDER; ROGERS; COLE, 2012, p. 767, 768.

voluntários. Se logo na triagem for identificada que não há possibilidade de as partes resolverem as questões por outros meios, o sistema estimula as partes a conhecerem os procedimentos, mesmo com indícios de solução contenciosa. Observando se as partes optarem pelo procedimento da corte, serão encaminhados para o fluxo normal dos tribunais adjudicatórios[308].

### 2.4.7 Porta 7: Ombudsman

A origem do conceito da porta 7 se dá nos países escandinavos e caracteriza-se pela presença de um funcionário público designado com o objetivo de corrigir abusos da administração pública. A palavra *ombudsman* não é específica de gênero, portanto, é usada para se referir a ocupantes masculinos e femininos da posição[309], sendo uma espécie de ouvidor, que averigua os casos de menor repercussão[310]. A pessoa nomeada pela instituição ou por representantes de uma categoria passa a tutelar direitos contra a falta, a disfunção, os abusos ou os retardos dessa mesma instituição[311]. Considerado um membro neutro da estrutura corporativa, externo ou subordinado diretamente ao presidente da instituição ou empresa.

Segundo Rodolfo Camargo Mancuso,

> Suas intercessões revelam aptidão para a composição dos conflitos incipientes, evitando que se exacerbem e se transforme em lides judiciais, um expert proficiente nas questões atinentes a um assunto, extrato social ou segmento econômico consumerista, ambiental e outros[312].

O ofício desse profissional é ajudar a resolver disputas relacionadas ao trabalho por meio de aconselhamento informal, mediação, investigação e recomendações à gerência[313], que, nos termos de Flavia Tartuce, valora as ações das empresas e do Poder estatal,

> Poder contar com o acesso a um ombudsman constitui uma porta adicional aos interessados e não exclui a apreciação judicial do conflito, que poderá ser necessária adiante; esta

---
[308] OLIVEIRA; SPENGLER, 2013, p. 119.
[309] GOLDBERG; SANDER; ROGERS; COLE, 2012, p. 648, 747.
[310] HEDEEN, 2012, p. 942, 943.
[311] OLIVEIRA; SPENGLER, 2013, p. 106, 107.
[312] MANCUSO, Rodolfo de Camargo. **A resolução dos conflitos e a função judicial no contemporâneo Estado de Direito**. 2. ed. São Paulo: RT, 2014. p. 293.
[313] GOLDBERG; SANDER; ROGERS; COLE, 2012, p. 649.

via, ao permitir a escuta qualificada, é pautada por um procedimento informal, flexível e célere que tende a facilitar a defesa de direitos[314].

Nesse caso, segundo Luthyana Demarchi de Oliveira e Fabiana Marion Spengler, o ouvidor não pode impor a decisão. Pessoa encarregada de analisar o conflito, devendo agir somente formulando observações e recomendações. Seu cargo e suas atribuições são normalmente nomeados por determinado tempo, e goza de estabilidade[315]. Pautando a atuação na confidencialidade, como exemplificam Stephen B. Goldberg, Frank E. A. Sander, Nancy H. Rogers, Sarah Rudolph Cole,

> John levou sua queixa diretamente ao ombudsman, solicitando absoluta confidencialidade. O ombudsman ouviu suas preocupações e apresentou sugestões para resolver o risco à segurança. Em seguida, o ombudsman se reuniu com o supervisor de John e, sem divulgar a identidade de John, informou o gerente do escritório de que havia preocupação com o empilhamento de pacotes em frente à saída de incêndio. O ombudsman pediu ao supervisor sugestões para eliminar o risco à segurança e transmitiu as sugestões de John. O ombudsman e o supervisor, juntos, desenvolveram uma solução para manter a saída de incêndio limpa[316].

Sendo assim, uma figura presente cotidianamente nas empresas com o papel de buscar soluções para os problemas que surgem, devendo escutar os clientes, averiguando as informações, apresentando relatórios para executivo chefe atuando em defesa dos clientes. Devendo, também, pontuar formas de melhorar esse formato, para se evitar novos casos do tipo. Para tanto, possibilitar o acesso instrumental a essa porta traz benefícios à empresa, quanto ao aumento da credibilidade de sua marca em função de uma melhor perspectiva de relacionamento com seus consumidores.

## 2.4.8 Outras portas

Até o presente, discorreu-se sobre as portas clássicas da teoria do tribunal multiportas, entretanto, outros procedimentos foram elaborados e anexados ao sistema durante o decorrer de sua aplicabilidade. Dentre

---
[314] TARTUCE, 2018, p. 179.
[315] OLIVEIRA; SPENGLER, 2013, p. 106, 107.
[316] GOLDBERG; SANDER; ROGERS; COLE, 2012, p. 651.

eles, a negociação e a conciliação são as mais conhecidas no ordenamento brasileiro. Já a med-arb, pouco usual no Brasil, vem ganhando adeptos nos Estados Unidos.

### a) Negociação

A negociação destaca-se como instrumento primeiro e natural para tratar os conflitos. É uma comunicação com objetivo de convencimento, um modo proeminente de tratamento de litígios, presente no dia a dia da sociedade e em qualquer transação comercial ou afetiva em que exista um fator de troca ou de ajuste. Caracteriza-se como um procedimento voluntário e seu aperto de mãos tem força contratual. Nessa situação, não há intermediários, embora possa ser executada por meio de representação[317].

Segundo André Gomma Azevedo, todo processo de desenvolvimento do método de negociação ocorre,

> Em uma negociação simples e direta, as partes têm total controle sobre o processo e seu resultado, em linhas gerais as partes escolhem o momento e o local da negociação; determinam como se dará a negociação, inclusive quanto à ordem e ocasião de discussão de questões que se seguirão e o instante de discussão das propostas; podem continuar, suspender, abandonar ou recomeçar as negociações; estabelecem os protocolos dos trabalhos na negociação; podem ou não chegar a um acordo e têm o total controle do resultado[318].

Os resultados do processo podem abranger, ou não, valores ou questões diretamente relacionadas à disputa. Envolvem outras formas de satisfação que não a pecuniária, por exemplo, um pedido de desculpas ou trocas criativas, de forma que todos os aspectos são considerados relevantes e negociáveis[319].

### b) Conciliação

A conciliação é um meio de solução de conflitos no qual as pessoas buscam administrar as divergências com o auxílio de um conciliador. Este deve ser imparcial, com competência para aproximar as partes, controlar as negociações, sugerir e formular propostas, apontar vantagens e desvantagens,

---

[317] OLIVEIRA; SPENGLER, 2013, *passim*.
[318] AZEVEDO, André Gomma de. **Manual de Mediação Judicial**. Brasilia: CNJ, 2016. p. 20.
[319] *Ibidem*, p. 20.

objetivando a resolução do conflito. A partir do diálogo entre as partes, o conciliador pode sugerir um possível acordo, após uma criteriosa avaliação das vantagens e desvantagens que tal proposição traria às partes[320]. Pode ser extrajudicial, que depende exclusivamente da vontade das partes e pode ser feita a qualquer momento, ou judicial, por iniciativa das partes e ainda obrigatória, em se tratando de caso que apresente a resolução como dever do juiz[321]. Modelando e remodelando a proposta para que os envolvidos aceitem ou não, além de controlar, se preciso, o debate entre as partes. Contudo, é o conciliador que ditará os limites e possibilidades das propostas de modo a conciliar o conflito.

### c) Med-Arb

Med-Arb consiste em um processo híbrido que surge da junção das técnicas de mediação e arbitragem. Aplica-se normalmente no início a técnica de mediação, e se tal ação for infrutífera para alcançar um acordo, abre-se a possibilidade de uso dos tramites de um processo arbitral[322]. O processo parte da premissa de que a mediação pode não alcançar a resolução de todos os problemas, e valia-se originalmente do mesmo profissional para atuar como mediador e árbitro. Posteriormente, considerando se tratar de procedimentos bastante distintos, buscou-se a prática de se indicar profissionais distintos para as duas etapas, vale ressaltar que o método parte preliminarmente da convenção de uma cláusula escalonada prevendo a possibilidade de hibridação[323].

Nesse contexto, apresenta enorme vantagem para a celeridade do processo, em virtude da ampliação das possibilidades de resolução. Rodolfo de Camargo Mancuso alerta para o fato de esse método apresentar alguns problemas, por exemplo, se o espectro da arbitragem superveniente pode ter um efeito "assustador" nas sessões de mediação[324]. Entretanto, merece destaque o fato da flexibilidade procedimental presente nesse processo, sendo possível a criação de um processo totalmente distinto do habitual, mas dentro dos princípios dos métodos de resolução, mas que apresente um desenho mais adequado ao que as partes desejam[325].

---

[320] SALES, Lilia Maia de Morais; SOUSA, Mariana Almeida. O sistema de múltiplas portas e o judiciário brasileiro. **Direitos Fundamentais & Justiça**, ano 5. n. 16, jul./set. 2011. p. 215.
[321] OLIVEIRA; SPENGLER, 2013, p. 82, 83.
[322] ALMEIDA, ALVES; ALMEIDA, TANIA; CRESPO, 2012, p. 32.
[323] AZEVEDO, 2016, p. 24.
[324] MANCUSO, 2014, p. 797.
[325] OLIVEIRA; SPENGLER, 2013, p. 105, 106.

É possível afirmar não existir processo que seja absolutamente superior a outro. Supor, por exemplo, que a mediação é sempre melhor que a arbitragem ou o processo judicial é esvaziar os preceitos de cada estratégia[326]. Portanto, deve-se tomar cuidado para respeitar os princípios de cada método, sob a pena de se colocar em risco todo o tratamento do conflito[327].

## 2.5 ASPECTOS DO ESTADO DE DIREITO E OS MÉTODOS DE SOLUÇÃO DE CONFLITOS

A teoria do tribunal multiportas nasce para resolver o possível estado de crise do judiciário. Suas portas e estratégias foram difundidas por inúmeros países do globo e visam ampliar as alternativas de solução por meio de métodos mais específicos e adequados aos conflitos, com a finalidade de reduzir o número de lides processuais.

O Brasil não fica fora desse movimento, e inicia sua construção constitucional de melhorar o acesso e de diminuir as demandas judiciais a partir da criação do CNJ decorrente da emenda constitucional n. 45/2004, com o objetivo de promover os princípios da Administração Pública. Em resposta a esse dever, apresenta a resolução n. 125/2010, que dispõe sobre a Política Judiciária Nacional de tratamento adequado dos conflitos de interesses no âmbito do Poder Judiciário, dentre outros fundamentos,

> Considerando que, por isso, cabe ao Judiciário estabelecer política pública de tratamento adequado dos problemas jurídicos e dos conflitos de interesses, que ocorrem em larga e crescente escala na sociedade, de forma a organizar, em âmbito nacional, não somente os serviços prestados nos processos judiciais, como também os que possam sê-lo mediante outros mecanismos de solução de conflitos, em especial dos consensuais, como a mediação e a conciliação[328].

Por meio dessa reformulação processualística, busca-se fomentar adequações pertinentes quanto às formas alternativas para solução de controvérsias, e essa é uma das principais novidades do Código de Processo Civil 2015, que representa um processo embrionário de reformulação do paradigma adjudicatório, iniciado anteriormente pelo advento da Resolução n. 125 do CNJ.

---

[326] AZEVEDO, 2016, p. 25.
[327] OLIVEIRA; SPENGLER, 2013, p. 106.
[328] BRASIL. Conselho Nacional de Justiça. Resolução n. 125, de 29 de novembro de 2010.

Considera-se o movimento embrionário, em razão de a mudança ocorrer exclusivamente na lei, o que de pronto não altera a concepção do paradigma adjudicatório tradicional, e procura ampliar as oportunidades de pacificação, de forma a afastar, sempre que possível e viável, a palavra final do juiz e dar às partes possibilidades de cooperação para que estabeleçam um acordo. Espera-se, assim, oportunizar à sociedade mecanismos aptos à autocomposição de controvérsias, visto que o "consumidor", face à inoperância de meios resolutivos amigáveis, via-se perante uma encruzilhada e renunciava à sua posição jurídica de vantagem ou recorria ao Poder Judiciário[329].

Pontos importantes que colocam em pauta a possibilidade da mudança de mentalidade do judiciário, a fim de abandonar a ideia de que a justiça só deve ser conquistada por meio do processo judicial, mediante essa postura as leis subsequentes, buscaram manter esse direcionamento. Por exemplo, o Código de Processo civil Lei n. 13.105/2015, com destaque especial para o já mencionado art. 3 e incisos e os artigos,

> **Art. 165.** Os tribunais criarão centros judiciários de solução consensual de conflitos, responsáveis pela realização de sessões e audiências de conciliação e mediação e pelo desenvolvimento de programas destinados a auxiliar, orientar e estimular a autocomposição.
>
> **Art. 175.** As disposições desta Seção não excluem outras formas de conciliação e mediação extrajudiciais vinculadas a órgãos institucionais ou realizadas por intermédio de profissionais independentes, que poderão ser regulamentadas por lei específica. Parágrafo único. Os dispositivos desta Seção aplicam-se, no que couber, às câmaras privadas de conciliação e mediação.
>
> **Capítulo V. DA AUDIÊNCIA DE CONCILIAÇÃO OU DE MEDIAÇÃO.**
>
> **Art. 334.** Se a petição inicial preencher os requisitos essenciais e não for o caso de improcedência liminar do pedido, o **juiz designará audiência de conciliação ou de mediação** com antecedência mínima de 30 (trinta) dias, devendo ser citado o réu com pelo menos 20 (vinte) dias de antecedência[330].

---

[329] GONÇALVES, Marcelo Barbi. Meios alternativos de solução de controvérsias. **Revista de Processo**, v. 242, abr. 2015. p. 1, 2.
[330] BRASIL. Lei n. 13.105, de 16 de março de 2015, Código de Processo Civil (grifo nosso).

Diante do exposto na Lei, e mesmo sendo o objeto desses artigos o fortalecimento de formas alternativas para resolver os conflitos, ainda assim eles mantêm o cerne de suas disposições voltadas para o Poder Judiciário e o direito de ação. Como exemplo, vale citar o disposto no art. 334 do CPC, que insere a obrigatoriedade da audiência de conciliação, mas só depois do processo instaurado.

Nessa esteira de evolução, a mediação recebe seu regramento perante o ordenamento jurídico com o advento da Lei n. 13.140/2015 (Lei da Mediação), com destaque para o seu art. 1º, que dispõe a: "mediação como meio de solução de controvérsias entre particulares". Sendo importante frisar acerca do disposto em artigos do CDC que versam sobre as possibilidades de solução. O art. 83 do CDC dispõe que para a defesa dos direitos e interesses protegidos por esse código são admissíveis todas as espécies de ações capazes de propiciar sua adequada e efetiva tutela. Complementado pelo art. 84, que diz que na ação que tenha por objeto o cumprimento da obrigação de fazer ou não fazer, o juiz concederá a tutela específica da obrigação ou determinará providências que assegurem o resultado prático equivalente ao do adimplemento[331].

Isso expõe a intenção do legislador em proporcionar ao juiz a liberdade de escolher a melhor estratégia para solucionar o conflito consumerista. Os artigos citados apresentam-se em sintonia com os incisos XXXV e XXXII do art. 5 da CF, bem como com os incisos VI e VII do art. 6 do CDC, que admitem todas e quaisquer ações e providências necessárias com a finalidade de defender os direitos estatuídos no Código de Defesa do Consumidor. Outros pontos que merecem atenção são os apresentados nos art. 81 e 104 do CDC, que tratam da possibilidade de defesa dos direitos individuais e coletivos dos consumidores[332].

A ampla tutela inerente ao microssistema do código do consumidor busca de alguma maneira a proteção do consumidor nas relações consumeristas. Como observado, é factível ao Juiz abarcar-se de toda a legislação com o intuito de indicar instrumentos que visem à proteção do vulnerável e do hipossuficiente, por exemplo, o disposto no artigo 6º VIII do CDC, que dispõe sobre a inversão do ônus da prova.

As iniciativas citadas nos dispositivos legais surgem com o objetivo de reduzir os gargalos que se encontram instaurados nas esferas judiciárias.

---

[331] BRASIL. Lei n. 8.078, de 11 de setembro de 1990. Código de Defesa do Consumidor.
[332] FINKELSTEIN; SACCO NETO. **Manual de direito do consumidor**. Rio de Janeiro: Elsevier, 2010. p. 15.

Entretanto, só deram o primeiro passo, ainda que não sejam tais disposições plenamente satisfatórias, fizeram-se necessárias, justamente para que se voltassem os olhos, mais uma vez, para a questão paradigmática da justiça.

A inquietude da dinâmica processual incorre em significativas mudanças no ordenamento jurídico, seja em sua disposição ou em novas interpretações. Embora muitas das vezes essas novas percepções não apresentem resultados satisfatórios no primeiro momento, mas essa ideia de possível fracasso não deve afastar a ordem jurídica de sua busca de aproximação aos valores e fatos sociais crescentes na realidade diária. Esta exige uma análise mais sociológica, além da apreciação da lei dura, para o fim de tornar o Direito mais acessível, palatável e reflexivo diante dos fatos[333], ocorrendo o que disciplina Thomas Kuhn, quando diz,

> O fracasso com um novo tipo de problema é muitas vezes decepcionante, mas nunca surpreendente. Em geral, nem os problemas, nem os quebra-cabeças cedem ao primeiro ataque. Exemplos que partilham outra característica que pode reforçar a importância do papel da crise: a solução para cada um deles foi antecipada, pelo menos parcialmente, em um período no qual a ciência correspondente não estava em crise[334].

Tais acepções e mutações reconhecidas pelos atores públicos, dispostas nos diplomas legais, passam a inferir na necessidade de reconhecimento aos indivíduos como sujeitos de direitos, para o fim de possibilitar a aproximação do Direito à realidade social. Com isso, a oportunidade de conciliação entre os direitos sociais e econômicos, tendo em mente a influência que a cultura pode exercer[335], e traçando objetivos que visem mais uma vez a tentativa de mudança, pode-se transformar os contextos.

O protagonismo que o judiciário nos últimos anos vem tendo pode estar relacionado à mudança de uma situação de omissão em relação às políticas sociais, simplesmente pelo fato de atuar como aplicador das leis; para um órgão que julga tudo e implementa políticas que até então não estavam socorrendo os cidadãos, e nesse contexto há o aumento abrupto pela procura do Poder Judiciário[336].

---

[333] BAGGIO; DUARTE; KUTEN, 2014, p. 87.
[334] KUHN, 1996, p. 103.
[335] SIERRA, Vânia Morales. A judicialização da política no Brasil e a atuação do assistente social na justiça. **R. Katál.**, Florianópolis, v. 14, n. 2, jul./dez. 2011. p. 257.
[336] COSTA, Flávio Dino de Castro e. A função realizadora do poder judicial e as políticas públicas no Brasil. **Rev. CEJ**, v. 19, n. 66, 2015. p. 47.

A ampliação da conflituosidade conduz a uma mudança de qualidade nos conflitos submetidos à jurisdição. Não há mais simples conflitos de interesses, mas também conflitos de valores, ou seja, as instituições judiciárias são chamadas a arbitrar conflitos que tradicionalmente não integravam os âmbitos de competência rotineira[337].

Os obstáculos culturais permeados na cultura jurídica devem ser alterados. Inicialmente, rompendo-se das amarras do paternalismo entranhado na sociedade brasileira; independentemente do fato de o Poder Judiciário apresentar ou não condições de atender a todos os jurisdicionados com rapidez e eficiência é que outros meios, mesmo que não estatais, devem ser incentivados[338].

A procura de instrumentos que estabeleçam o real cumprimento do princípio do acesso à Justiça dá ao processo civil certo protagonismo, muito em razão das constantes discussões acerca das estratégias processuais que o processo estabelece. Nessa vereda, as ideias de procedimento único, fases processuais rígidas e o excesso de burocratização, dentre outros aspectos típicos do processo, já não se prestam a cumprir os ideais proclamados na Constituição Federal de 1988 e reforçam a necessidade de mais uma vez repensar os processos. Transformar e adequar o modelo estatal vigente às novas realidades que vêm surgindo com a evolução da sociedade se faz presente[339].

Observa-se, então, que a estrutura projetada para o processo civil e para o judiciário tem seus esforços verticalizados para a defesa dos interesses patrimoniais. Postura que, de certo modo, tende a catalisar o surgimento constante de novos conflitos de interesses. Entretanto, as estruturas atuais e suas possíveis soluções já não respondem satisfatoriamente aos anseios da massa de jurisdicionados[340].

A estrutura atual demanda que os cidadãos ao terem seu direito lesado em razão da não prestação de determinado serviço, busquem alternativas para resolução do conflito e, por consequência, a concretização de seu direito. Muito embora o Poder Judiciário receba muitas críticas por sua morosidade, este ainda é considerado um "porto seguro" daqueles que precisam de uma resposta às suas reivindicações.

---

[337] VIANNA, Luiz Werneck. **Judicialização da política das relações sociais no Brasil**. Rio de Janeiro: Revan, 1999. p. 20.
[338] GONÇALVES, 2015, p. 3.
[339] JÚNIOR, 2017, p. 3.
[340] BAGGIO; DUARTE; KUTEN, 2014, p. 74.

Nota-se que com o avanço nos meios de comunicação, os aspectos da globalização, as novas formas de relações virtuais propagam inúmeras maneiras de realizar novos negócios, atualmente celebrados pelas redes de computadores. Tal avanço proporciona uma redução de custos e aperfeiçoa o tempo dos indivíduos; a cada dia, mais e mais pessoas passam a utilizar meios eletrônicos para exprimir sua vontade.

O uso, massificado, dos meios eletrônicos de comunicação e transferência de dados gera uma crescente diversificação nas formas de realizar contratos. Por exemplo, o comércio eletrônico, notadamente as fronteiras entre comércio convencional e eletrônico, tendem a não mais existir. Visto que cada vez mais, uma diversidade de empresas transporta, parcialmente ou integralmente, suas operações para o meio digital. Assim, uma nova forma de relação comercial nasce e cria novos tipos de conflitos com origem no digital e com trasbordamento de suas infinitas e diferentes consequências.

Nesse sentido, cresce a importância da interação com as novas tecnologias de resolução que podem ser aplicadas a conflitos on-line e off-line. Vislumbra-se, nesse aspecto, possibilidades de as resoluções dos conflitos serem oportunizadas por meio do digital ao aplicar as técnicas nos ambientes virtuais onde originam diversos e diferentes tipos de conflitos.

Na tentativa de resolver tais controvérsias, o meio digital passa a ser considerado forma alternativa de resolução de conflitos, com ou sem a interferência do judiciário. Considerar esse instituto uma forma de acesso à Justiça é perfeitamente plausível. Sempre que estes sejam atrelados à busca da eficiência e celeridade, visando à justiça procedimental e sentimental, demonstrando ao sujeito a sensação de um resultado justo e aceitável e que prezou pela transparência. Tendo em vista que tal discussão não deve abandonar a variável do comportamento humano e suas características culturais, além de ser de suma importância prezar por princípios já consagrados no ordenamento jurídico. Como é o caso da vulnerabilidade e da hipossuficiência, conceitos relacionados ao Direito material e processual, que interferem de alguma forma no direito de litigar ou no conhecimento das ferramentas disponíveis e direciona a discussão para a importância do direito à informação do cidadão.

Esse entendimento vai ao encontro da constitucionalização do Direito Civil brasileiro e, por consequência, do Código de Defesa do Consumidor, que apresenta e pretende regular a relação contratual das partes, na busca de estruturar ações em prol da defesa dos objetivos sociais e da segurança da parte mais vulnerável[341]. Ao consumidor, apresenta e estabelece parâmetros e ferramentas a fim de dar maior aplicabilidade a essa proteção por meio dos princípios como da boa-fé objetiva, da transparência, da confiança, da vulnerabilidade, da equidade, da segurança, da harmonia das relações comerciais e outros presentes nas legislações infraconstitucionais.

Um dos obstáculos mais evidentes na implantação de novas formas ou formas adequadas de resolução de conflitos está relacionado à proteção efetiva do sujeito vulnerável. Vulnerabilidade esta que pode ser jurídica ou científica, que resulta da falta de informações dos indivíduos a respeito de seus direitos, inclusive no que diz respeito a quem recorrer ou reclamar. A falta de assistência jurídica em juízo ou fora dele e cumpre salientar que a vulnerabilidade nesse caso não se confunde com a hipossuficiência. A vulnerabilidade é entendida como um estado do sujeito, enquanto a hipossuficiência é externa a este[342] e corresponde à situação de dificuldade de litigar, seja no tocante à obtenção de meios suficientes para tanto, seja no âmbito da consecução das provas necessárias para a demonstração de eventuais direitos. Conceituações que necessitam de novos contornos e possivelmente de uma ressignificação frente a essas novas relações de consumo[343].

O sujeito vulnerável, a que se propõe o debate, é aquele que está mais suscetível a um dano, uma vez que possui desvantagens jurídicas, cientificas e sociais, e segundo as considerações do diretor jurídico do Google, Daniel Arbix, as técnicas de resolução de conflitos na era digital podem contribuir na proteção de algumas dessas variáveis,

> A persuasão tecnológica pode influênciar o resultado da negociação, mediação e arbitragem, de júris populares e de técnicas híbridas de resolução de conflitos. Essa persuasão é crucial para acalmar as partes e criar um ambiente cooperativo: muitas ferramentas de resolução online de conflitos abrem espaços controlados para as pessoas desabafarem e ventilarem suas preocupações, ao mesmo tempo em que garantem que as respostas e propostas, entre outras comunicações enviadas à outra parte, sejam pautadas por respeito e polidez. A experiência dos usuários pode induzir as pessoas na direção adequada à busca e à compreensão de informações corretas e ao descarte de heurísticas e vieses que confundem o raciocínio humano. São justamente estas características que diferenciam

---

[341] FINKELSTEIN; SACCO NETO, 2010, p. 26, 168.
[342] CAVALIEIRI FILHO, Sergio. **Programa de direito do consumidor**. São Paulo: Atlas, 2008. p. 39.
[343] FINKELSTEIN; SACCO NETO, 2010, p. 24, 25, 176, 177.

a resolução online de disputas das formas tradicionais de dirimir conflitos. Quanto mais aprimoradas as tecnologias, mais universais elas serão. As demandas represadas pelos custos do acesso à justiça podem representar um ônus emocional para as partes e reforçar injustiças que muitas vezes atingem as pessoas menos favorecidas da sociedade[344].

Observa-se que a proteção do sujeito, usuário das estratégias de resolução de conflito on-line, surge do autoconhecimento das origens do conflito, ou seja, empresas e consumidores com o tempo estarão em paridade de inovações quanto à informação e ao conhecimento do caso concreto, de forma a buscarem por iniciativa própria a autocomposição para resolverem suas demandas.

O autoconhecimento do sujeito vulnerável apresenta-se como uma questão utópica. Não se pode negar que o ser humano vive hoje uma segunda era da globalização[345], com as novas tecnologias da informação desencadearam o poder das redes e da descentralização. Que vem transformando a sociedade em selvas caóticas de conexão[346], sedenta por informação, impaciente, imediatista e, consequentemente, há uma alta incorporação de técnicas eletrônicas nas atividades cotidianas com o crescimento exponencial do comércio eletrônico e das disputas internacionais[347].

Diversos fatores contribuem para que os indivíduos tenham acesso a informações de diversas áreas. Entretanto, a discussão deve ser embasada no entendimento de como essa informação é percebida e apreendida pelos sujeitos. Observando a qualidade desta e, posteriormente, destacar de forma mais específica como sujeito e usuário desses sistemas têm sua proteção garantida.

Os pontos discutidos até o presente momento estabelecem um pensar de novo paradigma de justiça, ao imbuir responsabilidades ao Estado e ao cidadão. É importante destacar que o judiciário já não abarca estrutura física e teórica suficientes para resolver adequadamente todos os conflitos submetidos, preponderando esse entendimento, é possível pensar em viabilizar os

---

[344] ARBIX, Daniel. **A transformação do direito na era digital e a simplificação do acesso à justiça.** [Entrevista concedida a] Rubia Cabral. AB2L, Rio de Janeiro, 6 fev. 2018, "on-line".

[345] Considera que o atual momento "inseri padrões inéditos que comportam um reposicionamento e redimensionamento da cultura, assim a globalização também é manifestação cultural, uma espécie de hipercultura transnacional, uma cultura-mundo" (LIPOVETSKY; JUVIN, 2012, p. 1, 2).

[346] CASTELLS, 2018a, p. 405.

[347] ANDRADE, Henrique dos Santos. Os Novos Meios Alternativos ao Judiciário para a Solução de Conflito, apoiados pelas tecnologias da Informação e Comunicação. **Revista de Processo**, v. 268, 2017. p. 11.

métodos alternativos. Na outra frente, destaca-se a importância da mudança de cultura do cidadão brasileiro para contribuir com a mudança do pensamento de que o judiciário é o ponto de partida para uma autêntica "corrida ao ouro", visão voltada ainda ao pensamento indenizatório, patrimonial, o método estatal e tradicional de solução de conflitos mostrarem-se muitas vezes incapazes de atender aos anseios dos cidadãos[348]. Nesse sentido, Elton Venturi adverte que,

> A tutela jurisdicional se revela tarefa qualificada pela máxima essencialidade, na medida em que dela passa a depender a subsistência pragmática de todas as demais garantias e direitos fundamentais. Por conseguinte, o direito de acesso à justiça apresenta-se reflexivamente como um direito fundamental de caráter instrumental, visto que viabiliza a realização dos direitos fundamentais em geral. Nesse sentido, o acesso à justiça é uma garantia fundamental[349].

Sendo objetivo do Estado apresentar formas de descentralizar o Poder Judiciário, tendo em vista facilitar o atendimento das demandas dos cidadãos, cumprindo as diretivas desse direito fundamental[350]. Também carrega o viés de princípio de ordem econômica e social, e, ainda, tendo como base as ideias de vulnerabilidade e hipossuficiência e a importância da informação clara e precisa no que tange as relações, bem como a proteção de uma ordem processual mais célere. Justificando a especial atenção de ser ofertada a busca de novas formas de resolução de conflitos, da maneira clássica dentro do aparato judiciário, ou de forma paraestatal, mas que venha a ter o mesmo grau de confiança que o Poder Judiciário dispõe.

No decorrer dessa evolução, o conceito de acesso à Justiça está intimamente atrelado à evolução das formas de resolução. Nesse aspecto, Frank Sander identifica três períodos significativos no desenvolvimento moderno das resoluções alternativas de conflitos. O marco inicial se dá entre os anos de 1975 a 1982, intervalo pelo qual os procedimentos envolvendo soluções de conflitos adequados começam a despertar o interesse, período chamado de o "desabrochar das flores", em função dos inúmeros experimentos realizados, uns bem-sucedidos outros não tão bem pensados, e com algumas falhas de articulação dos objetivos dos métodos[351].

---

[348] NOGUEIRA SANTANA; NOGUEIRA PIMENTEL, 2018, p. 7, 8.
[349] VENTURI, Elton *apud* ROTHENBURG; RAMOS, 2016, p. 8.
[350] ROTHENBURG; RAMOS, 2016, p. 9.
[351] SANDER, 2000. p. 3, 4.

O segundo período característico está localizado entre os anos de 1982 a 1990[352], sendo denominado de "cuidados e advertências", em razão da enorme proliferação dos métodos "alternativos", que, no entendimento de Thomas O. Main, transformou a administração da Justiça Civil contemporânea, estabelecendo uma administração dupla, de um lado a adjudicação formal e, de outro, uma constelação dos métodos alternativos. Posicionando-os como um fórum alternativo para a maioria das disputas, oferece um sistema flexível com uma gama de opções corretivas e foco na justiça individualizada e em todos os casos em que uma das portas oferece um processo ou atinge um resultado que difere materialmente dos tribunais formais, acaba por caracterizá-lo como um sistema rival[353].

Cresce a preocupação com o uso indevido do sistema adjudicatório formal, estabelecendo uma prática de barganha entre justiça e paz, desvirtuando o papel central dos tribunais, que despedem esforços concentrados na solução ou pacificação do conflito e não o suficiente na articulação dos valores públicos envolvidos e na defesa dos preceitos constitucionais. E, para além disso, começa a existir uma preocupação clara com o uso de recursos da Justiça para resolver conflitos que nem deveriam estar aos cuidados do Poder Judiciário[354].

Nesse ponto, alerta Frank Sander que se os tribunais transformassem todos os processos existentes em julgamentos formais em vez de buscarem opções diferenciadas para sua solução, o congestionamento atual do sistema judicial estaria em estado pior do que se observa, e continua, fazendo referência à autonomia de vontade das partes, que não existe Lei que impeça as partes de resolverem suas disputas de outra forma, exceto em situações especiais e reguladas. E reforça que o movimento de utilização dos meios alternativos ou adequados de resolução de conflitos não é antitribunal e sim um esforço para auxiliar os tribunais a responder casos que efetivamente necessitem de sua ação e interferência, oportunizando outros meios que não exigem a experiência especializada destes, separando os dois principais papéis que exercem os tribunais, o de articulação de valores, interpretação dos princípios constitucionais e de solução de controvérsias[355].

---

[352] Ibidem, p. 3, 4.
[353] MAIN, 2005, p. 329.
[354] SANDER, 2000, p. 3, 4.
[355] Ibidem, p. 3, 4.

Todo o processo envolvendo as discussões de meios alternativos culmina no terceiro período identificado a partir do ano de 1990 e chamado de "institucionalização", em razão da crescente preocupação de se descobrir formas mais efetivas de como incorporar as estratégias da teoria de múltiplas portas na cultura jurídica da sociedade, lembrando sempre de se tratar de uma opção plausível de solução e não como um sinal de fraqueza ou medo da parte que opta por esse recurso. Inverter essa lógica é o principal desafio para que esse sistema seja reconhecido como uma opção complementar ao processo tradicional adjudicatório[356].

A transformação de qualquer processo ou hábito de um povo demanda tempo, mas principalmente iniciativa, como o exercido por alguns grupos de advogados situados em Ohio e Califórnia (EUA), que estabeleceram um movimento denominado de "colaboração", com o objetivo de resolver todos os conflitos de forma alternativa, sem o uso da máquina estatal. Esse movimento parte do princípio de que se o cliente não quiser resolver de forma alternativa e escolher litigar em juízo, os advogados desse movimento não representariam os clientes e aconselhariam estes a procurar outro profissional, pois o foco principal é consenso mútuo, baseado na vontade de resolver, solucionar a questão e não estabelecer decisões de quem ganha ou perde[357].

Ocorre que radicalismos cerceiam a evolução de conceitos e estratégias, e a postura dos advogados "colaboradores", embora de vanguarda, apresenta obstáculos de início muito claros. Por exemplo: se a outra parte não se sentir à vontade em realizar o processo de solução fora do sistema tradicional, o cliente será deixado desamparado por culpa de um terceiro? Percebe-se que toda transformação de paradigma é imbuída de tentativas e erros, e as soluções e estratégias por vezes devem e podem ser adaptadas. Como é o caso, todos os advogados deveriam ser colaboradores, mas por ora ainda não o são, de forma que alguns detalhes devem ser trabalhados, é papel do operador do Direito orientar e buscar sempre a melhor forma de ação para cada caso[358].

---

[356] *Ibidem*, p. 3, 4.
[357] SANDER, 2000, p. 8.
[358] *Ibidem*, p. 8.

# 3

# RESOLUÇÕES DE CONFLITOS ON-LINE E O ACESSO À JUSTIÇA

A evolução on-line das relações exigirá que todos os envolvidos estejam abertos a novas formas de se relacionar nas diversas culturas e, principalmente, internalizar a cultura de paz. Pensar em um sistema on-line tanto de Justiça quanto de resolução de conflitos, para um país cujos limites geográficos e jurisdicionais são enormes, só se constituirá em vantagens para ambos os lados.

O estado de crise, que ao mesmo tempo força uma evolução científica, uma ruptura do tradicional, também traz contradições. Algumas dessas contradições são inevitáveis e até mesmo necessárias para a construção de uma nova forma de pensar, ainda que seja problemático sustentar a teoria de que só o consenso diante das adversidades e da complexidade de cada coisa e de cada situação, que dará uma possível solução, se faz necessário pensar por esse viés[359].

O acesso à Justiça pensado como meio de suprir questões relacionadas ao custo processual da demanda frente às ações diretivas do Poder Judiciário já não suprem as necessidades de uma sociedade tão dinâmica. Assim, facilitar o acesso a outras portas para se alcançar uma transformação dos conflitos apresenta-se como a melhor estratégia.

As tecnologias, inovações, questões de proteção de dados inferem desafios ao Direito frente aos avanços digitais presentes. Buscar respostas a esses desafios não é tarefa simples, mesmo frente às facilidades trazidas pela internet, possibilitando comunicações mais interativas, compras virtuais sem fronteiras e a sensação de relatividade do tempo.

Como diagnosticado, a interação e incorporação de novas tecnologias ao dia a dia social reflete nas alterações e mutações comportamentais dos indivíduos, em grande parte pela enorme influência ocorrida por uma fase de releitura e de reposicionamento da simbologia que os conceitos como

---
[359] LUDWIG, 2000, p. 78.

velocidade, mobilidade e distância carregam. Diante dessa nova realidade surge um movimento de se romper com antigos paradigmas na busca por respostas às questões do cotidiano das relações pessoais e profissionais, um movimento de autocorreção que, como bem destaca Shmuel Noah Eisenstadt, são inerentes à modernidade[360].

Abre-se a possibilidade de se pensar o ambiente digital como principal local de interação e solução de conflitos. O processo de autocorreção presenciado pela sociedade demonstra uma adaptabilidade e melhora nas habilidades de comunicação on-line na medida em que se compreendem as novas bases relacionais. Haja vista, a crescente forma de comunicação não verbal que a internet disponibiliza, independentemente do domínio dos usuários sobre software ou hardware. O fato é que a tecnologia nao pede licença, ela simplesmente se apropria das situações cotidianas e no máximo, com o tempo, poderá pedir desculpas.

Entretanto, essa invasão silenciosa, frente às novas gerações, ja não parece ser um problema. O desenvolvimento de compartamentos relacionais eficazes de forma on-line aparenta ser algo reflexo. De certa forma, a nova geração estabelece uma intimidade e confiança no mundo virtual de maneira bem mais facil e ágil do que as gerações anteriores[361].

Todo esse constructo é permeado pelos avanços técnicos ocorridos ao longo dos tempos. Vide que mais de três bilhões de pessoas no mundo utilizam a internet das mais variadas formas. De acordo com a União Internacional das telecomunicações (UIT/ONU), no Brasil, mais da metade da população acessará a web regularmente e até 2025, 80% dos lares brasileiros terão o acesso a internet. Nesse contexto, à medida que os individuos se tornam comunicadores on-line mais experientes e qualificados, cria-se um ambiente on-line que incentiva a divulgação e facilita a solução eficaz de problemas[362]. Nessa mudança de sociedade, a atual, se organiza por meio da web, possibilitando as soluções de conflitos apropriar-se de suas transformações.

Tendo em vista que as adaptações realizadas pelo ordenamento político-jurídico presenciadas no Brasil nos últimos anos incentiva a discussão do uso dos meios alternativos e, consequentemente, frente aos avanços tecnológicos, têm-se as questões acerca do *Online Dispute Resolution* – ODR

---

[360] EISENSTADT, 2001, p. 158.
[361] LARSON, D. A. Online Dispute Resolution: Do You Know Where Your Children Are? Negotiation Journal, v. 19, Issue 3, jul. 2003. p. 199.
[362] *Idem, passim.*

e das atualizações oriundas do Código de Processo Civil de 2015, que incentiva a mediação e conciliação e a oportunidade de realização dos negócios jurídicos, a valorização do uso da arbitragem, dentre outros temas. Uma nova forma de relacionar-se com a ordem jurídica de forma on-line se instaura, o que de certo modo abre espaço para quaisquer questões relacionadas aos aspectos digitais serem apreciadas.

Alberto Elisavetsky[363] destaca que o Brasil é um dos países que se utilizam do conceito de meios alternativos de resolução de conflitos, e pondera que nesse caso é mais condizente se utilizar da nomenclatura métodos adequados de solução de conflito, de forma a fortalecer o entendimento de que essas ferramentas não são alternativas ao sistema adjudicatório e muito menos substitutas ou barreiras, e sim métodos complementares, ou, por assim dizer, paralelos ao sistema jurisdicional tradicional[364].

Os métodos adequados apresentam valores centrais voltados à negociação baseada em interesses, em respeito pela autonomia das partes e pela postura anticoerção. Esses valores podem ser atingidos por meio da confiança do potencial de as partes tornarem parceiros do método, nos princípios gerais da imparcialidade, isonomia, oralidade, informalidade, busca do consenso, confidencialidade e boa-fé[365] já se encontram inseridos no entendimento constitucional de Justiça e acesso à Justiça. Deve-se observar de que forma esse instituto pode ser operado por entes privados, sem que destoe para uma espécie de privatização da Justiça. E que não deixe de se respeitar os princípios essenciais da vulnerabilidade e da hipossuficiência presentes nas relações.

Ao se estabelecer um instituto que se utilize da base de dados da internet, existe a vantagem de ele ser acessado a qualquer tempo e a qualquer hora. Entretanto, seu uso esbarra na falta de preparo daqueles que vão conduzir o processo e, como dito anteriormente, de uma regulamentação prévia e de suas diretrizes, sendo importante frisar que a resolução on-line de conflitos vem para agregar, difundir novas formas de dar celeridade aos processos, e de maneira alguma serão substitutos aos meios tradicionais operantes e sim como destaca Maria Cecília de Araújo Asperti, a possibilidade de se reconhecer aspectos introduzidos pela internet que estabelecem a ideia da quarta onda do acesso à Justiça,

---

[363] Fundador e Diretor do *Online Dispute Resolution Latinoamerica* (ODRLA).
[364] Mediação Familiar e uso das tecnologias em resolução de conflitos são destacados no segundo dia do 2º Congresso Internacional de Mediação e Conciliação. Comunicação/Emeron. 2019. s/p.
[365] Art. 2, Lei de Mediação n. 13.140, de 26 jun. de 2015.

A preocupação com o efetivo acesso à justiça permeou algumas das mais importantes reformas processuais dos últimos anos. Ainda que diferentes diagnósticos e agendas de pesquisa tenham embasado essas reformas, esteve presente a noção de que o efetivo acesso depende da remoção dos diferenciados óbices que se colocam entre o indivíduo e o acesso à justiça ou ordem jurídica justa, o que significa dizer que cada pessoa deve conseguir acessar um sistema que lhe proporcione iguais condições para dele obter uma efetiva tutela de direitos. Igualmente importante nessas reformas e na construção recente do direito processual foi à tutela constitucional de direitos e o devido processo legal, condizentes com uma perspectiva teleológica do processo pelo qual este tem de ser entendido como um instrumento de garantia de direitos individuais e coletivos e de efetivação dos amplos escopos da jurisdição[366].

No presente momento, não se pode mensurar os impactos dessas tecnologias frente aos poderes do Estado e aos cidadãos, mas é certo dizer que as transformações ocorridas pelo advento da internet e a velocidade de comunicação instaurada criam conflitos exclusivos a essa realidade. O progresso alcançado por essas transformações atinge todos os níveis sociais e, por conseguinte, podem mudar a evolução das teorias. A crescente incidência de disputas transnacionais também alimenta o crescimento das ferramentas envolvidas nessa construção. Já que no ciberespaço as disputas também são resolvidas por meio de estratégias de solução de conflitos decorrentes do sistema multiportas[367] na forma presencial agora transportada para o meio digital, mesmo que ainda se tenha de apreciar e entender completamente o que é e onde se encontra o ciberespaço[368].

Segundo Mauro Cappelletti, ainda contribui nessa perspectiva uma mudança do cenário do acesso ao aparato jurídico. No período de sua pesquisa, não se vislumbrava a hipótese de existência de estratégias como ODR em plataformas digitais de interação entre indivíduos. Contudo, as características de meios alternativos ao judiciário, a busca por um sistema mais célere e mais acessível, permeavam suas ideias iniciais.

O processo, no entanto, não deveria ser colocado no vácuo. Os juízes precisam, agora, reconhecer que as técnicas pro-

---

[366] ASPERTI, Maria Cecília de Araújo. Litigiosidade repetitiva e a padronização decisória: Entre o acesso à justiça e a eficiência do Judiciário. **Revista de Processo**, v. 263, jan. 2017. p. 9.
[367] LIMA, Gabriela Vasconcelos; FEITOSA, Gustavo Raposo Pereira. Online dispute resolution (ODR): a solução de conflitos e as novas tecnologias. **Revista do Direito**, Santa Cruz do Sul, v. 3, n. 50, set. 2016. p. 54.
[368] MAIN, 2005, p. 342.

cessuais servem a questões sociais, que as cortes não são a única forma de solução de conflitos a ser considerada e que qualquer regulamentação processual, inclusive a criação ou o encorajamento de alternativas ao sistema judiciário formal tem um efeito importante sobre a forma como opera a lei substantiva — com que frequência ela é executada, em benefício de quem e com que impacto social. Uma tarefa básica dos processualistas modernos é expor o impacto substantivo dos vários mecanismos de processamento de litígios[369].

O autor discute a importância da criação de instrumentos que diminuam o tempo dos processos e reduzam os seus custos, explicitando a necessidade de promover mudanças na maneira como são ofertados os procedimentos. Aliados a uma reestruturação dos tribunais já existentes, o estabelecimento de normas menos complexas facilita o incremento de soluções de conflitos e estimula a abertura de mecanismos privados ou públicos para resolver as controvérsias.

De forma que o princípio do acesso à Justiça se caracteriza por ser parte de um rol de direitos fundamentais, os quais formam a espinha dorsal de todo o ordenamento jurídico nacional, e determina a existência de mecanismos para tutelar adequadamente qualquer direito que se faça violado, ou mesmo ameaçado. Uma vez arrolado como direito fundamental, cumpre ao Estado brasileiro emprestar eficácia a ele na maior medida possível, esclarecendo de forma efetiva que se destina para ambas as partes e que ele não deve ser confundido como simples direito de ação[370].

E cabe aos operadores do Direito inferir essa nova atitude frente aos conflitos, observando e analisando atentamente seus aspectos, estando abertos para todas as possibilidades de solução, judicial ou não, e quais as vantagens econômicas de cada método para o caso específico da parte que busca uma satisfação, essa mudança de cultura de litigância tem o potencial de refletir-se também nos resultados da atual fase do Poder Judiciário, contribuindo com a redução do número de casos novos, principalmente pelo estágio estagnado da estrutura física e pessoal desse órgão[371].

Entretanto, não se perde de vista que cada caso é único, demanda tempo, análise e estudo. E é nesse contexto que surge nos Estados Unidos a discussão sobre o sistema de múltiplas portas, com o intuito de suprir as

---

[369] CAPPELLETTI; GARTH, 1988, p. 5.
[370] JÚNIOR, 2017, p. 10.
[371] AZEREDO; MOURA, 2016, p. 6.

demandas de formas mais céleres e adequadas a cada caso. O Sistema Multiportas se deu em decorrência da crise do sistema judicial e, no Brasil, não está implantado de acordo com o modelo norte-americano, tendo em vista ser necessário pensar nas peculiaridades locais para realizar sua aplicação e adaptação, por exemplo, a amplitude e complexidade das matérias enfrentadas pelo Poder Judiciário na incessante busca de proteção aos direitos civis[372].

E por essas razões, o acesso à Justiça é princípio inerente às discussões que buscam a justiça em seu entendimento mais amplo, dessa forma, os métodos adequados de solução de conflitos podem ser considerados como estratégias de transformação de conflitos, podendo ser utilizados a qualquer tempo durante o processo ou de forma privada.

O sistema multiportas aplicado no Brasil busca soluções criativas para as controvérsias, benefícios de celeridade, economia de tempo e recursos, o fortalecimento da autonomia da vontade das partes com participação direta e essencial durante todo o processo. Aliado à flexibilidade para que se reúnam presencialmente ou por uso de alguma ferramenta de comunicação para dar início às tratativas. Ou seja, busca soluções para conflitos mais clássicos, oriundos de relações contratuais do cotidiano e atendimento aos conflitos de origem digital, apresentando uma perspectiva positiva de seu potencial.

Sistematicamente, vem ocorrendo evoluções e alterações nas formas de interação entre as pessoas, agora nomeadas de usuários e, como consequência, se existem novas formas de interação, podem vir a existir novos tipos de conflitos. Surge uma necessidade de rever os meios clássicos utilizados, fundamentando suas bases no novo olhar do acesso à Justiça e nas possibilidades criadas pelas tecnologias digitais.

A partir da crescente interação com meio digital no dia a dia dos indivíduos, há a necessidade de se pensar outras formas para dar suporte a essas relações. Movimento que foi abrigado também pelo CPC/2015, ao apresentar alterações com vistas a se adequar aos estudos existentes acerca das formas extrajudiciais de solução de conflitos. Estimulando os atores jurídicos a informarem novas possibilidades de meios mais céleres, adequados e satisfatórios, de solução dos conflitos que contribuam para o desafogamento da Justiça estatal[373].

Ao receber os incentivos da internet, os meios adequados entram em um quarto período de evolução e adquirem o dever de fomentar a mudança

---

[372] ANDRADE, 2017, p. 4, 5.
[373] *Ibidem*, p. 10.

da cultura de litigância dos indivíduos. Assim, tendo seu implemento em um mundo interconectado, o papel das redes de computadores adquire destacada importância. Devendo apresentar novas formas de atender às necessidades do novo sujeito usuário e vantagens de se solucionar os conflitos no ambiente digital é que surge a ideia do *Online Dispute Resolution* (ODR).

Cenário que provoca o Poder Judiciário a adaptar-se às características da nova sociedade auxiliando na desburocratização e simplificação de seus meios de resolução. Com o fim de evoluir o sistema multiportas, definido no CPC, incentivando o uso e criação de plataformas digitais. Devendo entender a importância do auxílio de plataformas privadas de soluções on-line, educando os indivíduos quanto aos benefícios de um acordo mediado nesse formato e influenciam os aspectos de transição e de aceitação dessa nova modalidade digital.

Transição que exigirá profundas pesquisas em âmbito mundial e nacional, já que o Direito não é estanque e necessita de adaptação constante de seus entendimentos frente ao novo desenho de sociedade. Haja vista que a informática e as tecnologias de comunicação e informação estão presentes nas relações sociais e jurídicas e atingem importantes setores da vida pública e privada[374].

No Brasil há uma crescente busca de técnicas ou métodos, para o fim de pacificação social, que envolvem formas de atingir o escopo sociológico da jurisdição. Entretanto, todas essas formas estão situadas na dimensão da terceira onda de acesso à Justiça de Mauro Cappelletti e frente às características do mundo digital, que derruba as fronteiras, essa dimensão já não é mais satisfatória.

Os limites e barreiras reconhecidos no âmbito do Poder Judiciário influem na logística de distribuição da prestação jurisdicional de forma adequada, com tempo razoável e eficaz, o que interfere na capacidade de alcance e popularização dos modelos e estratégias dos meios diferenciados de solução dos conflitos, dificultando demonstrar aos jurisdicionados que determinados métodos têm maior potencial de atender aos interesses particulares e de consolidar o sentimento de justiça individual, o que, além de atender aos anseios da população, auxiliaria no alívio do acervo de processos presentes no Poder Judiciário atualmente, ressaltando que esse objetivo não

---

[374] HOBAIKA, Marcelo Bechara de Souza. **O direito e os conflitos da tecnologia da informação.** Portal de e-governo, inclusão digital e sociedade do conhecimento. Mar, 2011, p. 1.

deve ser o buscado em primeiro lugar, visto que será um resultado automático de uma prestação mais ampla desses novos métodos[375].

Dito isso, as soluções de conflitos inspiradas no sistema multiportas apresentam estratégias que visam ao diálogo entre as partes, mas que exige a presença física dos envolvidos. Característica que pode ser entendida como um limitador de acesso aos interessados, o que feriria o princípio da universalização. Já a estratégia do ODR suprime a necessidade do comparecimento físico das partes, o que pode estimular uma maior participação de todos, visto que o método é vertido para o ambiente digital mantendo e estimulando o diálogo. Entretanto, mesmo com todo esse potencial de ampliação do acesso, a atenção ao princípio da universalização pode ser limitada pela dificuldade de conexão e conhecimento do ambiente digital.

Não cabe aqui a dicotomia do bem ou do mal, estes pontos não estabelecem parâmetros de qualidade, mas sim demonstram que tanto as estratégias digitais quanto as analógicas têm suas peculiaridades, vantagens e desvantagens, cabendo ao consumidor devidamente orientado definir qual o melhor caminho a se seguir, aquele que melhor se adapta às suas características pessoais e financeiras e que consubstanciem seus anseios.

Destaca-se nesse novo mundo a necessidade de aproximação dos aspectos do ambiente digital e do ambiente real, bem como o desenvolvimento de uma melhor infraestrutura técnica e a disseminação das melhores práticas existentes, respeitando e consolidando o direito fundamental à informação do consumidor, para que assim este possa decidir qual caminho tomar, entre uma resolução tradicional ou a tecnológica.

Ponto de suma importância para o início da consolidação do paradigma tecnológico é trazer para discussão das lides a responsabilidade das partes frente ao processo e das possibilidades de transformação do conflito. Dessa forma, pode se contribuir para a tão sonhada e necessária mutação da cultura da litigância, ou seja, o "consumidor" ao se sentir, também, responsável pelo resultado da demanda e estar de posse dos dados referentes aos benefícios e dificuldades das possibilidades que têm à frente, possa preferir em primeiro lugar dialogar e se utilizar de diferentes técnicas de pacificação, para só então, se não houver sucesso, pretender postular uma ação judicial.

Para as facilidades do mecanismo ODR se destacarem, existem alguns aspectos frequentemente levantados que jogam contra sua aceitação, entre

---

[375] AZEREDO; MOURA, 2016, p. 3.

eles, o fato de que o uso de meios digitais são menos eficazes em comparação aos métodos presenciais, por não tratarem de forma pessoal os participantes com uma comunicação face a face, restringindo a percepção de sinais não verbais o que de alguma forma pode interferir na compreensão dos interesses reais da outra parte, visto que as trocas on-line não captam nem a essência nem as nuances da interação humana[376], o que reduziria a possibilidade de acordo.

A popularização dos métodos de solução de conflitos extrajudiciais tanto on-line quanto presencial não dever ser confundida com a banalização de sua utilização, principalmente pelo fato de que, embora inovador, esses métodos não são indicados para todos os casos judicializados ou não, é preciso atentar-se para as características de cada conflito, pois, a depender da disputa que se quer transformar, estas podem envolver os mais variados sentimentos e que a mais das vezes os indivíduos podem não estar preparados ou abertos para compartilhá-los ou expô-los frente a um terceiro, o que não quer dizer que se deva abandonar a ideia dos métodos de solução de conflitos adequados, é preciso ressaltar que essas estratégias apresentam um novo norte para o acolhimento dos "consumidores", na busca de humanizar o Direito[377].

Segundo David A. Larson, isso gera dúvida da real importância de sua utilização e qual a eficácia desse sistema e se seu uso é realmente valioso,

> Embora a maioria de nós reconheça que a Internet está se tornando uma ferramenta suplementar cada vez mais importante para resolução de disputas e solução de problemas, não podemos nos imaginar resolvendo disputas principalmente on-line. Como as limitações distintas da comunicação online incluem a ausência de pistas verbais e linguagem corporal, o ambiente on-line não parece propício à resolução de disputas. Podemos não ter a confiança necessária para fazer, ou ajudar outras pessoas a fazer, as divulgações honestas e privadas online que geralmente são essenciais para a solução eficaz de problemas.' Apesar dessas reservas, a resolução de disputas ficará online. Por quê? Porque nossos filhos já aprenderam a desenvolver relacionamentos íntimos e a resolver problemas usando a Internet?[378].

---

[376] LARSON, 2003, *passim*.
[377] LÓPEZ, Andrés Vázquez. Online Euromediation Mediation: Electronic Means. 1. ed. Madrid: Kindle, 2013. p. 9
[378] LARSON, 2003, p. 200.

Nesse aspecto, a preocupação em se ter uma postura de resolução on-line em razão das novas gerações já estarem habituadas é cercear ainda mais o acesso a um ambiente de resolução justo, de fato as partes precisam de conselhos sobre como usar as ferramentas, há necessidade de cautela e avaliação cuidadosa ao desenvolvimento do processo digital não ser possível negar se tratar de uma situação já aparente, acessível e utilizada pela comunidade mundial, principalmente sobre o tipo de plataforma, ferramentas de comunicação e os métodos a serem utilizados, além de ser essencial o olhar do operador na redação dos acordos, para garantir a devida execução e/ou homologação judicial[379].

Um estudo desenvolvido por Keith Ablow, psiquiatra da equipe médica da Fox News, autor bastante crítico das novas tecnologias da internet, a ponto de considerar algumas dessas tecnologias extremamente toxicas, como exemplo a rede social Facebook, apresenta a ideia de que apesar do calor e do imediatismo face a face da comunicação nas terapias, as comunicações via plataformas on-line apresentam algumas vantagens[380],

> Quando as pessoas se falam no Skype, elas tendem a não desviar o olhar. Seus rostos estão literalmente a poucos metros um do outro (na tela), isso cria uma conexão surpreendentemente intensa ao abordar tópicos com carga emocional e quando o compromisso de abordá-los é significativo. E o Skype pode estar disponível nos momentos exatos em que uma pessoa está sofrendo de ansiedade ou se sentindo mais deprimida ou com problemas emocionais ou com um momento de epifania. Se o médico estiver disponível, a sessão poderá começar em segundos. [...] me pergunto se o uso do Skype para aprofundar as questões genuínas e sinceras que incomodam as pessoas é um antídoto para os efeitos normalmente esterilizantes e amortecedores que os computadores podem ter sobre as pessoas[381].

De modo que uma forte conexão será criada especialmente ao lidar com problemas emocionalmente carregados. O uso personalizado dessas plataformas pode obrigar as partes em disputa a se concentrarem nas questões que precisam ser resolvidas, em vez de se distrairem com os aspectos emocionais do conflito, tornando-se outro aspecto favorável deste processo[382].

---

[379] A MEDIAÇÃO online no direito de família. **Academia MOL**, 11 jun. 2018. [on-line].
[380] LÓPEZ, 2013, p. 14.
[381] ABLOW, Keith. Skype revolutionizing mental health care. Mind of the News. **Fox News**, fev. 2013. [on-line].
[382] LÓPEZ, 2013, p. 12.

Outro fator interessante é apresentado pelo estudo de Tristan Casey e Elisabeth Wilson-Evered, frente aos meios de solução on-line utilizados na Austrália, que visou investigar os reflexos do uso das tecnologias na solução de conflito em ambientes virtuais, e se verificou que a escolha da plataforma ou método on-line não altera as intençoes iniciais do postulante, as interações entre as partes nao foram influenciadas em um primeiro momento pelas inovações técnicas apresentadas ou pela confiança no sistema, em resumo, as questões pertinentes envolvendo a aceitação da tecnologia, têm mais utilidade na configuração do *design* da plataforma do que propriamente na influência no desejo no desejo de solução ou do sentimento de vingança, presente em muitos dos casos tratados[383].

Pode-se dizer então que as estratégias on-line de conflitos, a princípio, não apresentam tamanha desvantagem no quesito comunicação, frente aos métodos tradicionais, o que se extrai é a possibilidade de uma nova linguagem para o meio virtual, como demonstra Keith Ablow, bem como a necessidade de capacitação dos profissionais para entender e compreender os aspectos que os conflitos apresentam e destiná-los à melhor porta, preservando os valores compartilhados e fomentando novas formas de justiça.

A definição de qual dos ambientes, digital ou presencial, é o ideal para solução torna-se irrelevante, uma crescente preocupação e, por assim dizer, dos principais objetivos que se deve ter em mente é o destaque feito por Alexandre Lopes de Abreu[384], quando lembra da necessidade premente de o judiciário obter ferramentas que o permitam cumprir o princípio constitucional da universalização da Justiça, desmitificando a confusão entre a legitimidade quantitativa e qualitativa, quando afirma que "o fato de o judiciário atender muito não significa que atenda bem, sanando realmente as lides" e alerta para as dificuldades que os juízes enfrentam no ato de decidir, visto que nem sempre é oportunizado tempo hábil para conhecer detalhes da vida diária das partes, o que dificulta compreender se a realidade dos autos difere ou não da real situação das partes. Nesse aspecto, defende a necessidade de uma simbiose entre os esforços públicos e privados para o fim de ofertarem serviços que atendam às peculiaridades das partes que buscam uma solução justa e com o menos desgaste emocional possível, e do próprio Poder Judiciário em reduzir os custos e o tempo de uma decisão. E

---

[383] TRISTAN, Casey; WILSON-EVERED, Elisabeth. Predicting uptake of technology innovations in online family dispute resolution services: An application and extension of the UTAUT. *In:* **Data Computers in Human Behavior**. Elsevier BV. v. 28, Issue 6, 2012, *passim*.

[384] Juiz, Presidente do Fórum Nacional de Mediação e Conciliação – Fonamec.

ressalva que mesmo com todos os esforços, nem sempre existirá uma boa decisão judicial aos olhos das partes envolvidas e, por vezes, nem sempre quem ganha o processo sai realmente vencedor[385].

Tais considerações enfatizam ainda mais a necessidade de uma maior colaboração do consumidor no auxílio das decisões e na condução dos processos judiciais ou extrajudiciais, e a dificuldade de se prever o quanto o ODR se tornará valioso para a sociedade, o que se pode considerar é a crescente necessidade de mais pesquisas, principalmente pelo volume de dados coletados e transitados no mundo virtual em razão da maior interação entre os indivíduos, bem como se a comunicação virtual amplia a capacidade de confiança e sensação de segurança para troca de intimidades on-line, auxiliadas por ferramentas tecnológicas e por um profissional de resolução de conflitos.

### 3.1 PROPOSTA DO *ONLINE DISPUTE RESOLUTION* – ODR

A proposta do ODR é introduzida em meio à existência de diversos métodos de resolução de conflitos, podem ser denominados de *Alternative Dispute Resolution* (ADR) ou identificados como uma variação ou inspiração do sistema do tribunal múltiplas portas de Frank Sander, que tem seu fluxo de direção pautado em triar e encaminhar cada tipo de conflito para um método mais propício a atender suas características.

Torna-se oportuno, antes de se aprofundar as discussões sobre o ODR, compreender os aspectos presentes nos métodos denominados de ADR, cuja sigla é oriunda do termo em inglês *Alternative Dispute Resolution*[386], que em uma tradução livre significa resoluções alternativas de disputas. Caracterizada pela finalidade de resolver de forma harmoniosa o litígio instaurado entre as partes e estabelecer mecanismos de composição que afaste a decisão do processo por um juiz, para que as partes iniciem um diálogo em busca de sanar o conflito. Em suma, depende de cooperação das partes, boa-fé e da vontade de se despir do sentimento de vingança[387].

Outra variação, para caracterizar a ADR, é considerá-la como meios adequados de resolução de conflitos, de forma que para cada tipo de conflito

---

[385] A MEDIAÇÃO online no direito de família, 2018, [on-line].
[386] Tradução livre: Resoluções de Disputas Alternativas.
[387] PORTO, A. J. M.; NOGUEIRA, R.; QUIRINO, C. C.; Resolução de conflitos on-line no Brasil: um mecanismo em construção. **Revista de Direito do Consumidor**, v.114, nov./dez. 2017. p. 4.

existe uma solução mais oportuna para sua resolução e que não necessariamente deveria passar pelo judiciário, e assim contribuir para que cada vez mais as partes se interessassem por evitar os caminhos das disputas nos tribunais, socorrendo-se da porta ou do meio mais adequado, se esta for favorecida e devidamente orientada.

A melhora do acesso à resolução de disputas é um dos objetivos da ADR, além de tornar o caminho percorrido pelos atores nesse sistema mais rápido, barato e de fácil controle em comparação com os métodos convencionais dos tribunais. E um aspecto importante da acessibilidade desse mecanismo é a transparência, a disponibilidade imediata de informações sobre esse tipo de resolução de disputas e seus processos, custos e vantagens associadas sobre as formas mais tradicionais de resolução de disputas[388].

Para além dos benefícios já citados, a ADR busca ofertar economia de tempo e custos na solução do conflito, confidencialidade, exercício da autonomia da vontade, participação ativa do indivíduo, flexibilidade, maior compreensão das partes sobre o que gerou o conflito. Em perspectiva, a ADR segue a linha de pensamento do sistema multiportas, ou seja, busca soluções para conflitos mais clássicos, oriundos de relações contratuais tradicionais.

Destaca-se, como característica essencial para que os participantes de um mecanismo de resolução de disputas, ADR, multiportas ou outro semelhante, confiem que o resultado é justo, que este deve ser percebido como imparcial e independente de todos os participantes[389]. Vale salientar que a missão das estratégias da ADR não é o de substituir o processo judicial tradicional, e sim apresentar-se com um caminho complementar ao sistema, mas segue outro modo de operação.

Diante dessa nova possibilidade de se resolver os anseios do jurisdicionado, cria-se o entendimento de que, como consequência do uso dessas estratégias, o fluxo de demandas judiciais seria reduzido, retomando o equilíbrio e, por fim, retirando o véu de insatisfação com o atual estado do Poder Judiciário. Entretanto, com a crescente inserção do mundo virtual no dia a dia dos indivíduos, surge a necessidade de se pensar, mais uma vez, outras formas para abarcar as novas relações oriundas desse novo formato de relacionamento pessoal e comercial que ocorrem total ou parcialmente no

---

[388] DEVANESAN, Ruha; ARESTY, Jeffrey. 13 ODR and Justice. In: **Online Dispute Resolution**: Theory and Practice. A Treatise on Technology and Dispute Resolution. Eleven, 2011. p. 275.
[389] *Ibidem*, p. 278.

ciberespaço[390]. Os métodos eletrônicos de ODR visam promover a interação das partes e a formalização do acordo de maneira eficiente, com baixo custo, da forma mais conveniente possível, garantindo autenticidade e veracidade das partes envolvidas, e a exequibilidade do acordo obtido[391].

Esse acordo tem sua validade jurídica assegurada pela autonomia da vontade das partes, bem como pelo disposto nos arts. 783[392] e 784, III[393] do Código de Processo Civil, Lei n. 13.105/2015, que destaca os efeitos da mediação extrajudicial, dando ao acordo o status de título extrajudicial, mesmo que este não seja homologado em juízo.

A partir da aproximação do entendimento de que as comunicações desenvolvidas com uso da internet são comparadas às realizadas pessoalmente, inicialmente atribui-se aos métodos ODR a utilização de técnicas presenciais de resolução de conflito, com o detalhe do emprego das tecnologias, ou seja, substituindo os ambientes físicos por ambientes virtuais, com ênfase no uso das novas tecnologias e das novas comunicações, em especial a internet, visando obter maior simplicidade, celeridade e menor custo, seria uma atualização tecnológica do sistema ADR.

## 3.2 PRINCIPAIS CARACTERÍSTICAS DO ODR

A sociedade volátil, incerta, complexa e ambígua, remete ao entendimento de um ambiente permeado por recursos tecnológicos que permitem a interação dos indivíduos ou usuários, dentro de um ambiente virtual, ou seja, as interações são realizadas por meio de aplicativos de conversas instantâneas, através de avatares[394], sites de compras, dentre outros.

Iniciar a discussão do ODR como instrumento para aprimorar as formas de resolução de conflitos virtuais e dar maior imparcialidade ao método, bem como apresentar maiores possibilidades de responder as necessidades dos usuários da rede e, assim, a incorporação de tecnologias de comunicação e

---

[390] Consiste em um espaço aberto de comunicação, pela interconexão mundial dos computadores e de todos os meios eletrônicos de comunicação, por exemplo, as redes telefônicas clássicas na medida em que transmitem informações digitais.
[391] ECKSCHMIDT et al., 2016, p. 106.
[392] art. 783. A execução para cobrança de crédito fundar-se-á sempre em título de obrigação certa, líquida e exigível.
[393] Art. 784. São títulos executivos extrajudiciais: [...] III - o documento particular assinado pelo devedor e por 2 (duas) testemunhas.
[394] Forma como usuário representa sua pessoa em um ambiente virtual.

informação a mecanismos de resolução de controvérsias ser denominada ODR, mas o que vem a ser ODR especificamente?

A acrografia ODR é redução do termo de origem na língua inglesa, *Online Dispute Resolution,* que em português pode ser traduzida para resolução on-line de conflitos, não deve ser vista como uma forma de ADR através do espelho tecnológico, pelo fato de que o simples uso de automação não é ODR, é necessário que o elemento tecnológico modifique o próprio modo de solução de conflito, para que assim o seja, como bem pondera Daniel Arbix, que diz que,

> O elemento tecnológico passa a configurar como verdadeira quarta parte em relação à dinâmica de solução do conflito. Dessa forma, a resolução de controvérsias em que as tecnologias de informação e comunicação não se limitam a substituir canais de comunicação tradicionais, mas agem como vetores para oferecer às partes ambientes e procedimentos ausentes em mecanismos convencionais de dirimir conflitos e que os ODR são uma nova porta para solucionar conflitos que talvez não possam ser dirimidos por mecanismos tradicionais de resolução de controvérsias[395].

Pode ser considerado então como ponto de inflexão o aporte desse sistema como estratégia de solução, tanto no ambiente privado quanto no estatal. A verticalização para o ambiente virtual através de plataformas e uso de novas linguagens computacionais é parte do processo do ODR, não sendo este algo alternativo, como já mencionado, mas sim uma nova porta de acesso.

A resolução on-line de conflitos, cada vez mais começa a ganhar espaço nas empresas, em sua busca por economia e valoração da marca, estas iniciam pesquisas direcionadas a mapear os gargalos e os motivos geradores de seus conflitos e questionam seus departamentos jurídicos acerca de soluções de baixo custo financeiro e de imagem, bem como de resolução célere de suas demandas[396].

Os métodos da ODR mostram-se especialmente úteis para a solução de litígios entre sujeitos que estão separados fisicamente, em um ambiente virtual no qual as partes possam reunir-se para resolver as suas diferenças, por

---

[395] ARBIX, 2017, p. 58, 59.
[396] ACADEMIA MOL-Mediação Online, 2018, [on-line].

meio do uso da tecnologia com benefícios de custo, sigilo, rapidez e eficácia em relação ao processo judicial, sem necessidade de deslocamento físico[397].

Olhares se voltam para esse instituto com o vislumbre de uma nova opção, uma tentativa a mais de sobrepor os conflitos estagnados nos quadros da Justiça e de certa maneira uma oportunidade para reprogramar como os cidadãos se relacionam com a tecnologia e umas com as outras. A iniciativa ODR apresenta características que podem vir a auxiliar sua melhor assimilação, sendo que hoje existem diferentes tipos de sistemas, mas podem ser divididas em duas categorias, de primeira e de segunda geração, sendo que,

> A primeira geração é caracterizada por sistemas sem autonomia quanto à resolução dos processos. O homem continua a ter o papel principal neste gênero de sistema onde a tecnologia atua apenas como uma ferramenta de suporte à decisão, estabelecendo a comunicação entre as partes ou automatizando tarefas simples. Já a segunda geração é a expectativa dos novos sistemas ODR que terão como meta a resolução de conflitos de forma autónoma. Estes sistemas deixam de ser meras ferramentas e passam fazer análise de casos e definição de estratégias e soluções; o objetivo aqui é o de reduzir a intervenção humana na resolução de conflitos, atuando como agentes autónomos. Sendo que a evolução desse sistema, passa pela formatação de uma IA (inteligência artificial) com uma base de dados suficientemente ampla para resolver determinados conflitos[398].

Observa-se a oportunidade de adotar uma noção mais flexível acera do conceito de ODR, é posição mais pertinente para que esse método seja enquadrado mais facilmente dentro dos preceitos jurídicos no Estado brasileiro, assim, é possível estender a diferenciação por gerações citada por Ana Café et al., para uma classificação estabelecida por Marta Poblet e Graham Ross, que definem que um serviço de solução pode ser qualificado como ODR se cumprir umas destas condições,

> (i) tecnologia online que presta assistência às diferentes partes - *por exemplo*: disputas partes, mediador, adjudicador, árbitro, facilitador, etc. - durante todo o processo; ou
>
> (ii) o assunto é definido como uma queixa, reclamação ou disputa.

---
[397] ANDRADE, 2017, p. 12.
[398] CAFÉ, Ana; CARNEIRO, David; NOVAIS, Paulo; ANDRADE, Francisco. **Sistema de resolução online de conflito para partilhas de bens:** Divórcios e heranças. Portugal: Universidade do Minho, 2010. p. 3.

Nessa perspectiva, portanto, um fórum puro (não necessariamente uma tecnologia específica para ODR) pode se qualificar como ODR se atender à condição número ii, mas se estiver lidando com um assunto que é nem queixa, reclamação ou disputa, não deve ser considerada como ODR. Não obstante essas condições básicas, existem diferentes graus de sofisticação de Serviços de ODR, que vão desde aquelas que integram tecnologias básicas, e-mail, bate-papo, voz sobre IP, etc. e àqueles que desenvolveram ou obtiveram uma licença de software específico para ODR[399].

Tal entendimento mais flexível de classificação apresenta a possibilidade de se falar em ODR e Mediação-on-line, onde os métodos de resolução on-line prezam por uma forma mais automatizada de soluções adequada para o conflito, com o uso da quarta parte, sendo mais indicado para conflitos repetitivos, que possibilitem o uso de software para previsibilidade e facilidade no exame do caso e na atribuição de uma solução; já a Mediação-on-line dispensa o uso do software para resolver o conflito, mas emprega as ferramentas tecnológicas e as técnicas do método escolhido, fomentando e motivando as partes para que em conjunto transformem o conflito[400].

O potencial do ODR é mais destacado, no entendimento de Ruha Devanesan e Jeffrey Aresty, por ser muito mais independente e imparcial do que os procedimentos convencionais nos tribunais e do sistema multiportas ou da ADR, visto que o mediador on-line está operando remotamente, pode ou não permanecer anônimo para as partes e nunca se encontra na mesma sala que os disputantes, isso pode deixar o usuário do sistema mais à vontade e menos agressivo. Enquanto nos processos *off-line*, a proximidade do mediador ou do juiz fornece oportunidade para influência e preconceito. Uma força adicional da ODR sobre as estratégias tradicionais surge do fato de que o mediador não é escolhido pelas partes, no caso de o ODR ocorrer de forma mista. Enquanto nos métodos tradicionais, mediadores e árbitros geralmente são acordados pelas partes na disputa, o que, mesmo sendo oriundo de um consenso, é possível que no decorrer do uso do instrumento surja algum tipo de animosidade. E ainda, nos casos em que o ODR é completamente mediado por uma tecnologia, por exemplo, *"machine learning*[401]*"*,

---

[399] POBLET, Marta; ROSS, Graham. ODR in Europe. *In:* **Online Dispute Resolution**: Theory and Practice: A Treatise on Technology and Dispute Resolution. 1. ed. Eleven, 2012. p. 466.

[400] CONFORTI, Franco. **Electronic Mediation Handbook**. Kindle Edition: Acurdo Justo SC., 2014. p. 16.

[401] A tradução do termo significa: o aprendizado de máquina. É um ramo da inteligência artificial, um método de análise de dados que automatiza a construção de modelos analíticos, baseada na ideia de que sistemas podem aprender com dados, identificar padrões e tomar decisões com o mínimo de intervenção humana (**Machine Learning**: O que é e qual sua importância? SAS Analytics Software & Solutions, 2019).

não há contato com a pessoa do mediador que poderia ser influenciada ou influenciar o transcorrer do método, fortalecendo o entendimento de que este procedimento se apresente com maior imparcialidade do que o sistema multiportas ou da ADR[402].

Embora a discussão no campo jurídico seja inicial, o ODR já é utilizado de forma privada, principalmente no comércio eletrônico, por plataformas que pertençam à própria empresa geradora do contrato litigado e, apesar de a ODR ser lembrada quando da ocorrência de conflitos on-line, é importante destacar que muitas empresas iniciam a oferta de produtos e serviços fora do mundo digital e que, independentemente do ponto de partida da relação, nada impede sua utilização, outro ponto em que apresenta vantagem é o de contribuir para a mudança do pensamento paradigmático pré-existente.

Em suma, o ODR como conceito geral é aplicável a uma gama de disputas, e frequentemente visto como equivalente do sistema multiportas ou ADR. O ODR pode ter a característica de ser totalmente automatizado, referido como a "quarta parte" no ambiente digital de resolução de disputas, ou seja, em um sistema clássico, as duas primeiras partes são os interessados, tem-se a presença de duas partes disputando, e dependendo da porta utilizada para resolução do conflito surge a figura da terceira parte, o profissional imparcial e, por fim, a denominada quarta parte, reconhecida na forma de tecnologias úteis a apoiar o esforço de resolução de disputas[403].

O sistema de ODR funciona com os preceitos do sistema multiportas e da ADR, mas sua estrutura pode ser variada, com processos híbridos, de forma que em muitos casos o que se destaca são as ferramentas utilizadas, como exemplifica Daniel Arbix,

> Os sistemas de resolução de controvérsias que incorporam mecanismos de ODR são, em regra, esquematizados como um fluxo de comunicações entre as partes, inicialmente sem a participação de um neutro, constituído de etapas sequenciais. Nestes esquemas, após a absorção do conflito, que requer a coleta e a organização de informações das partes, passa-se à negociação (em regra assistida pela quarta parte); caso os envolvidos não alcancem uma solução consensual por conta própria, procede-se a uma tentativa de mediação do conflito;

---

[402] DEVANESAN; ARESTY, 2011, p. 280.
[403] MELAMED, James C. Online Dispute Resolution. *In:* **Handbook Dispute Resolution**. Oregon State Bar's. 2019. p. 41-3, 41-5.

por fim, não havendo composição, a contenda é submetida à arbitragem[404].

Pode ser dito que as ferramentas do ODR são o tronco de uma grande árvore, e seus galhos representam as tecnologias utilizadas, diferenciadas pelo seu grau tecnológico e o uso de técnicas de comunicação assíncrona ou síncrona, e a aplicação destas se darão de acordo com o tipo de conflito ou da vontade que as partes demonstram, o que segundo Thomas Eckshmidt, Mario Magalhães e Diana Muhr, apresenta algumas vantagens,

> A utilização de meios eletrônicos permite que a discussão ocorra durante períodos de ociosidade das partes (quando o processo de resolução eletrônica é assíncrono) ou através de agendamento prévio (em casos de soluções síncronas), evitando perda de tempo e custo de deslocamentos. As soluções eletrônicas, por serem menos pessoais também contribuem para a minimização do impacto pessoal, evitando o escalamento dos ânimos e tensões das partes envolvidas[405].

Os meios utilizados para transmissão dos dados de um dispositivo ao outro, levando em considerações questões relacionadas ao tempo, são classificados em comunicação assíncrona e síncrona. Tecnicamente, a transmissão de dados binários por um dispositivo pode ser realizada em blocos de vários bits enviados a cada pulso de *clock*, ou somente 1 (um) *bit* é enviado a cada pulso de *clock*[406].

Algumas ferramentas de comunicação possibilitam estabelecer a comunicação síncrona, assíncronas ou ambas em um mesmo sistema, a caracterização é feita em função do tipo de comunicação predominantemente realizada. A transmissão assíncrona normalmente está desconectada do tempo e do espaço, os interlocutores não precisam estar presentes simultaneamente e a mensagem enviada pode ser recebida em um momento posterior[407],

> Neste tipo de transmissão o intervalo de tempo entre mensagens não é importante. Em vez disso, as informações são recebidas e convertidas em padrões estabelecidos. Desde que esses padrões sejam seguidos, o dispositivo receptor pode recuperar

---

[404] ARBIX, 2017, p. 66.
[405] ECKSCHMIDT *et al.*, 2016, p. 118.
[406] FOROUZAN, Behrouz A. **Comunicação de dados e redes de computadores** [recurso eletrônico]. 4. ed. Porto Alegre: Dados eletrônicos. AMGH, 2010. p. 133.
[407] FUKS, H.; GEROSA, M. A.; PIMENTEL, M. Projeto de Comunicação em Groupware: Desenvolvimento, Interface e Utilização. **Anais do XXIII Congresso da Sociedade Brasileira de Computação**, v. 2, cap. 7, 2003. p. 302.

> as informações sem se preocupar com o ritmo no qual elas sejam enviadas. Os padrões se baseiam em agrupamentos do fluxo de bits em bytes. Cada grupo, normalmente de 8 bits, é enviado pelo enlace como uma unidade. O sistema emissor trata cada grupo de forma independente, transmitindo-o ao enlace toda vez que estiver pronto, sem se preocupar com a temporização. Os bits de start e de stop alertam o receptor sobre o início e o final de cada byte e permitem que ele se sincronize com o fluxo de dados, pois, no nível de byte, o emissor e o receptor não têm de ser sincronizados[408].

Destarte, a transmissão de informação nesse tipo de comunicação ocorre de modo diferido, não limitada pelo tempo ou espaço diferentes, ou seja, a comunicação ocorre no tempo que o usuário achar mais conveniente, o que contribui para uma reflexão mais profunda sobre os conteúdos recebidos apurando melhor a informação e fortalecendo as possibilidades de uma resposta mais assertiva[409]. Essa estrutura de comunicação pode ser exemplificada por ferramentas que utilizam desse tipo de comunicação nos aplicativos de mensagens, e-mails, chats de texto, SMS, lista de discussão, fórum e ferramentas de CSCA (*Computer Supported Collaborative Argumentation*).

Já a comunicação síncrona é executada de maneira instantânea, de forma direta pessoa para pessoa, a mensagem enviada é recebida imediatamente pelo receptor que deve estar sincronizado com o transmissor,

> Neste tipo de transmissão o fluxo de bits é combinado em "frames" mais longos, que podem conter vários bytes. Cada byte, entretanto, é introduzido no enlace de transmissão sem um intervalo entre ele e o próximo. Fica a cargo do receptor separar o fluxo de bits em bytes para fins de decodificação. Em outras palavras, os dados são transmitidos na forma de uma string ininterrupta de 1s e 0s e o receptor separa essa string em bytes, ou caracteres, que ela precise para reconstruir as informações[410].

Isso implica a necessidade de um espaço, presencial ou digital, para que os participantes do processo se encontrem, em um momento específico, para trocarem informações e se comunicarem de forma instantânea, ou seja, esse tipo de transmissão tem por característica principal a necessidade da presença

---

[408] FOROUZAN, 2010, p. 133.
[409] MARTINS, Ana Bela Jesus; JUSTINO, Ana Cristina Fernandes Cortês Santana; GABRIEL, Graça da Conceição Filipe. **Comunicação síncrona, assíncrona e multidirecional**. n. 10 ACTAS. 2010, p. 3.
[410] FOROUZAN, 2010, p. 134.

dos utilizadores, face a face ou virtualmente, para gerar a interatividade e com isso tentar estimular um clima de comunidade e de pertencimento que favoreça a interação[411]. Alguns exemplos desse tipo de comunicação são: ferramenta de bate-papo, sistema de mensagem instantânea e de videoconferência, contato via telefone, reuniões, aulas de ensino presencial.

Embora a figura de uma grande árvore que abarque todos os métodos e suas ramificações diferenciem os aspectos de comunicação assíncrona e síncrona, seja uma imagem que auxilie a diferenciação das ferramentas utilizadas, Thomas Eckshmidt, Mario Magalhães e Diana Muhr introduziram uma classificação não taxativa, mais específica acerca dos métodos e tecnologias corriqueiramente utilizados, elegendo alguns critérios que se aproximem mais da realidade jurídica brasileira, tais como: grau de independência da decisão, acessibilidade, sincronização, iniciativa, meio de comunicação, forma de resposta e poder de execução da decisão[412], expandido seus aspectos e facilitando uma melhor compreensão dos processos e sua aplicação.

Sendo construído para cada item um diagrama que estabelece o fluxo dessas informações, divididos respeitando o tipo de ferramenta e de comunicação aplicada. No caso do grau de independência da decisão, está relacionado ao controle que as partes têm sobre o processo de transformação, sendo subdividido em quatro níveis de acordo com o grau de relação se estes são: a) independentes, ou seja, as partes tem o controle da solução e preservam seus interesses privados, tendo como desvantagem uma maior possibilidade de impasse; b) parcialmente independentes, a participação de um terceiro que introduz novas perspectivas para auxiliar na aproximação das partes, explorando novos pontos de vista, e tem como desvantagem o desconhecimento técnico da situação conflitante; c) totalmente dependente, a resolução do conflito é garantida, uma vez que um terceiro com conhecimento técnico na área auxilia as partes, sua desvantagem é que a solução pode ser pior que um possível acordo, o resultado é incerto e imprevisível; por fim, d) escalonado, combina os benefícios dos graus de dependência anteriores e os aplica, entretanto amplia o prazo para uma decisão[413].

Quanto à acessibilidade, destina-se a estabelecer uma classificação acerca da forma de acesso à ferramenta, que pode ser do tipo: e) acesso universal, através de qualquer equipamento que tenha acesso à rede, sem a

---

[411] MARTINS; JUSTINO; GABRIEL, 2010, p. 7.
[412] ECKSCHMIDT et al., 2016, p. 119.
[413] Ibidem, p. 120, 121, 122.

necessidade de conhecimento técnico ou instalação de qualquer software. A desvantagem, principalmente para o consumidor, é a obrigação de um maior cuidado quanto aos mecanismos de segurança, antivírus, pela maior propensão a invasões cibernéticas; f) acesso privado, apresenta maior segurança no acesso e nas funcionalidades, o que agiliza o processo de comunicação para uma transformação do conflito, entretanto, necessita de instalação de um programa de acesso e equipamento compatível, além de ter um alto custo para o desenvolvimento desse tipo de tecnologia; por fim, g) acesso misto, é um sistema mais flexível, que permite o acesso tanto por um navegador quanto por um aplicativo, embora sejam de maior complexidade[414].

Já a classificação referente à sincronização diz respeito à necessidade e ao grau de interação entre as partes para a solução da demanda, essa classificação está relacionada ao tempo da comunicação, dividida em: h) assíncrona; i) síncrona; e j) mista. As duas primeiras classificações já foram abordadas anteriormente, mas se faz necessária sua citação por conta da classificação mista atribuída, em que uma parte da comunicação pode ser assíncrona e outra pode ser síncrona, e tem o condão de acelerar os acordos através da presença física das partes, ao mesmo tempo em que se prepara a proposta antes ou depois das sessões presenciais; e apresenta o contratempo da necessidade de agendamento de acordo com a disponibilidade das partes, ou seja, é um tipo de sincronização interdependente da vontade das partes[415].

Aliada às questões de sincronização, temos também a classificação quanto à forma de resposta, que pode ser dividida em: k) resposta assistida, quando existe uma pessoa que elabora a resposta para o conflito, esse tipo de resposta atende qualquer tipo de conflito, embora o custo operacional dessa estratégia seja superior aos processos automatizados; l) resposta automatizada, as respostas são configuradas pelo sistema, de acordo com os parâmetros alimentados, e não requerem a interferência humana, com a ressalva de que esse tipo de resposta não seja indicada para conflitos complexos; e m) respostas mistas, a tecnologia aplicada combina respostas automatizadas e assistidas, desde que as partes tenham clareza da origem das respostas, entretanto, trata-se de um sistema de difícil implantação em razão da complexidade de desenvolvimento e da parametrização para um funcionamento efetivo[416].

---

[414] ECKSCHMIDT *et al.*, 2016, p. 123.
[415] *Ibidem*, p. 125.
[416] ECKSCHMIDT *et al.*, 2016, p. 130

Destaca-se a classificação quanto ao meio de comunicação, que ocorre dentro dos limites das alternativas disponíveis, ou melhor dizendo, trata da forma de linguagem permitida pelo sistema para interação entre as partes, dentre elas: n) imagens, o) textos, p) áudios, q) vídeos ou r) múltiplas, que pode ser feita se utilizando duas ou mais formas de linguagens descritas. Outro ponto apresentando é a classificação frente à iniciativa, ou seja, a forma como o processo eletrônico é iniciado, podendo ser: s) reativa, a parte contratante inicia o processo; t) proativa, a parte contratada inicia o processo; e u) mista, que permite que qualquer uma das partes *start* o processo de resolução[417].

Encerra-se as características dos meios com a classificação quanto ao poder de execução das decisões, acordadas ou decididas por terceiros, mas que depende da legislação vigente a respeito do modo de execução da decisão do local onde se encontra a plataforma, sendo esta de: v) execução obrigatória, quando há legislação garantidora da execução da decisão, sem a necessidade de homologação ou ingresso ao Poder Judiciário para sua satisfação e, por fim, a de: x) execução vinculada, quando não há legislação que assegure a execução da decisão, sendo movimento condicionado, o de se provocar o sistema judiciário para a execução da decisão, quando do descumprimento voluntario da outra parte frente ao acordo firmado[418].

Essas classificações ilustram de forma mais clara as questões envolvendo as ferramentas tecnológicas aplicadas, trata-se de um processo profundo, por vezes complexo em suas definições e que não se depreende a reflexão necessária frente às rejeições imbuídas, de modo que não se deve perder de vista que tanto o sistema judicial quanto as tecnologias de resolução de conflitos são compostas por pessoas, mesmo que para o início do processo, e essas pessoas estão mudando aos poucos, e frente a essas mudanças de comportamento e atitudes é que todas as características do ODR têm a possibilidade de consolidação[419].

## 3.3 ESTRATÉGIA DO ODR NA RESOLUÇÃO DE CONFLITOS NAS RELAÇÕES DE CONSUMO

O uso de sites voltados para a resolução de conflitos on-line apresenta um aumento considerável no Reino Unido, Estados Unidos, Espanha,

---
[417] *Ibidem*, p. 126, 127, 128, 129.
[418] *Ibidem*, p. 131.
[419] REDORTA, 2009, p. 31, 32.

dentre outros. Essas mudanças são acompanhadas pelo desenvolvimento e gerenciamento de informações on-line e de outros benefícios, como: partes protagonistas da decisão; soluções mais céleres, eficientes e voluntariamente cumpridas; construção do consenso atendendo a ambos os interesses; possibilidade de restabelecer diálogo ou preservar o relacionamento entre os envolvidos; economia maior frente aos meios judiciais; evitar mais desgastes emocionais e encontros no mesmo ambiente físico; pode ser feita a qualquer momento em qualquer lugar, quando as partes se sentirem preparadas[420].

É provável que existam alguns aspectos inerentes ao ambiente on-line que sejam mais propícios a outros processos, assim como as funções de quarta parte sejam mais adequadas para auxiliar processos que não envolvam mediação, como se pode citar, as funções de automação que podem consagrar-se em ferramentas poderosas na negociação automatizada e assistida, o que permitiria lidar com grandes volumes de reivindicações que se provassem semelhantes, ao passo que sua função em uma mediação eletrônica se consolidaria ineficiente. E envolto a esse ecossistema dos métodos de solução on-line, o subcampo particular do ODR não está tão intimamente identificado com a mediação eletrônica quanto o sistema multiportas e a ADR em geral, fato que pode estar atrelado às influências do V.U.C.A.

Os impactos causados pelas características do V.U.C.A. são mais facilmente percebidos dentro da gestão das empresas, principalmente quando da utilização de ações que visam um planejamento estratégico de médio e longo prazo. Suas diretivas sofrem com as dificuldades de se prever os acontecimentos futuros que possam interferir nas relações negociais. Já os indivíduos, tanto quanto as empresas, sofrem os impactos de fatores externos por conta da globalização, independentemente dos cuidados ou posturas tomadas.

O ritmo de vida dos consumidores é constantemente atingindo por novas informações e formas de se adquirir novos produtos e seu comportamento. Junto ao mercado, sofre com essa inconstância de posições e de novas necessidades. Inconscientemente conduzem a um posicionamento diferenciado do consumidor, que procura maneiras mais simples e rápidas para adquirir seus produtos e resolver seus conflitos com menor dispêndio de esforço possível.

Tais influências podem ser constatadas nos exemplos a seguir, observando assim a Volatilidade: como propulsora de um volume de mudanças e

---

[420] LÓPEZ, 2013, p. 18.

velocidade de acesso, de conexão e interação, que ocorre de maneira síncrona ou assíncrona, tornando mais complexos os cenários socio-comerciais. Dificultando a explicação do mundo atual de maneira linear, por conta da incerteza que a cada momento se verifica no dia a dia com informações e notícias que mudam a cada minuto e que interferem nas estratégias de planejamento dos indivíduos e empresas. As complexidades dos fatos não apresentam verdades absolutas e sim demonstram a necessidade de se buscar respostas de variadas fontes, em razão da alta conectividade e a interdependência de cada fato, os padrões já não se mostram mais eficazes em apresentar respostas às inúmeras variáveis do contexto, e que invariavelmente atingem as relações de consumo e que se necessita conhecer o todo para iniciar a montagem do quebra-cabeça dessas respostas. O que leva a um cenário disruptivo, ao qual a ambiguidade se apresenta nas diversas formas de se interpretar e analisar os contextos que dão suporte às múltiplas sociedades e que podem estar igualmente corretas.

Ao se relacionar os aspectos do V.U.C.A., junto as soluções de conflitos on-line, observa-se que há uma rápida evolução desses campos, bem como das bases que consolidaram todo esse processo, advindas de negociação assistida pelo meio digital e exemplificados nos casos a seguir, como instituído pelo eBay[421]. Dessa forma, observar estratégias já utilizadas de ferramentas de resolução, ou que ainda estão em fase de consolidação, apresenta-se pertinente para uma melhor compreensão e aplicação dos métodos de solução adequada de forma on-line. É o que se segue.

### 3.3.1 Caso eBay

Este caso destaca-se por ter iniciado um programa de resolução de conflitos dentro de sua própria plataforma. Com a facilidade de troca de dados entre pares e partes, surge nos Estados Unidos a plataforma eBay, destinada ao comércio eletrônico envolvendo transações virtuais. A plataforma do eBay apresenta as características de um marketplace, ou seja, busca ofertar a vendedores e fornecedores um espaço para disponibilização dos produtos, soluções e suporte, e conta atualmente com 179 milhões de usuários cadastrados[422], sendo importante assim sua aproximação neste contexto.

---

[421] EBNER, Noam. **E-mediation Online Dispute Resolution**: Theory and Practice – A Treatise on Technology and Dispute Resolution. Eleven International Pub., 2012. p. 369.
[422] **Our History**. eBay, 2019, [on-line].

O eBay explora características como velocidade, acesso, conectividade e características diferenciadas de comunicação, ele capacita os usuários e fornece à comunidade da internet um lugar em que podem trocar bens e serviços entre si. O incrível sucesso do modelo do eBay estabelece uma verdade básica, de que as pessoas precisam de um lugar onde comprar e vender diretamente on-line. E parte da premissa de que nesse tipo de relação o senso de comunidade é aguçado, de forma que os usuários policiam uns aos outros fornecendo feedbacks de transações realizadas com sucesso ou com falhas, concedendo maior credibilidade ao negócio, assim mantendo uma considerável base de usuários[423].

O eBay foi fundado em setembro de 1995, por Pierre Omidyar, inicialmente com o nome de auctionweb, site este dedicado a reunir compradores e vendedores em um mercado virtualmente aberto, realizando a primeira transação no mesmo ano de fundação. E em setembro de 1997 o auctionweb é renomeado oficialmente para eBay. Em seguida à sua refundação, em meados de julho de 1999, o eBay inicia sua expansão global, lançando sites primeiramente na Alemanha, Austrália e Reino Unido, atualmente está presente em mais de 180 países[424].

Mantendo seus objetivos de ampliação dos negócios, em julho de 2002 adquire o PayPal com o intuito de unificar o maior mercado da web e um sistema inovador para pagamento seguro e sem complicações; fazer parte do eBay permitiu um forte crescimento do PayPal, galgando a posição de liderança global em pagamentos digitais.

Um exemplo da implementação desses diferenciais se mostra com o lançamento, em 2008, do PayPal móvel, estreando seu primeiro aplicativo para celulares, permitindo que milhões de usuários enviem dinheiro de forma virtual e mais acessível, tornando-se um dos primeiros aplicativos a serem lançados na loja de aplicativos da Apple para o iPhone. Reafirmando assim sua posição de vanguardistas na área de comercio virtual.

Com uma missão de olhar para o futuro das compras sempre, o eBay em parceira com a empresa varejista australiana Myer lançam a primeira loja virtual de realidade virtual para compras. Inaugurando um novo tipo de experiência entre consumidores e fornecedores.

---

[423] GUADAMUZ, Andres. Ebay Law: The Legal Implications of the C2C Electronic Commerce Model. **Computer Law & Security Report**, v. 19, n. 6, 2003. p. 2.
[424] **Our History**. eBay, 2019, [on-line].

O histórico da empresa eBay a apresenta como uma pioneira nos negócios on-line, envolvendo consumidores de países diversos, e se destaca também por ter elaborado um sistema de códigos de conduta que tem alguns aspectos seguidos até os dias de hoje, além de um sistema de solução de controvérsias, que permite inclusive a resolução perante os órgãos da própria empresa[425].

Nesse aspecto, o eBay garante sua enorme relevância quando a discussão se inclina para os conflitos, tendo em vista que devido à natureza de mercado do eBay, com uma grande quantidade de transações realizadas a cada dia, amplia também o potencial de conflito em qualquer transação ocorrida no site e guarda a característica de ser também maior quando em comparação a qualquer outro método de varejo, embora o eBay tenha vários mecanismos para evitar o uso indevido do site e diminuir as possibilidades de fraude, isso ainda acontece[426].

Observa-se aqui um conflito entre a visão da empresa e as questões jurídicas das relações de consumo, pelo fato de que o eBay considera a intervenção e controle direto de seus usuários um descrédito na relação e a afirmação de que a empresa não confia em seus usuários. Afinal, o eBay é um lugar que fez uma reputação como um mercado aberto para os usuários. Mas diante da repercussão, inicia um processo de gestão que visa tentar alcançar algum equilíbrio entre fornecer tanta liberdade para seus usuários e a imposição de restrições suficientes para salvaguardá-los de fraude, sem que com isso afaste seus usuários[427].

Embora seja esse ideal cativante, ainda assim não afasta as inúmeras questões que norteiam essa empresa de leilões, e outras similares, inclusive a tentativa de deixar em uma área obscura a sua responsabilidade em casos de quebra de contrato. Ou seja, se a relação contratual de compra e venda de mercadorias entre dois usuários da plataforma for quebrada por um deles, o requerente reúne o que existe dentro do contrato de adesão que ele assinou, o qual consta uma cláusula de isenção de responsabilidade por não conformidade em benefício da empresa que suporta a plataforma. No entanto, felizmente, acrescentaríamos que a possibilidade de levar o assunto aos tribunais comuns e de aplicar as regras da fonte pública não desapareçam[428].

---

[425] GARDETA; Juan M. Velázquez. Nuevos retos jurídicos planteados por las relaciones de consumo online. **Revista De Direito Do Consumidor**, v. 84, 2012. p. 6.
[426] GUADAMUZ, 2003, p. 3.
[427] *Ibidem*, p. 4.
[428] GARDETA, 2012, p. 11.

E perante esse temor, tanto do descrédito com seus usuários quanto da possibilidade de inúmeros processos, o eBay reconhece então que seus usuários necessitariam de opções além de ir a um tribunal para resolver suas diferenças. Esse é o principal motivo para a adoção pela empresa da disputa alternativa resolução (ADR). Em caso de conflitos entre usuários, o eBay recomenda o uso da disputa on-line resolução (ODR), uma aplicação de regras de ADR em um ambiente on-line.

O eBay começou a usar o ODR em 1999 e um dos principais desafios foi tentar fazer o ODR ser considerado apenas uma alternativa para resolver disputas no eBay, ou se a comunidade on-line o consideraria como a principal ferramenta para resolver conflitos decorrentes de transações comerciais no site de leilões. E para aumentar a facilidade no processo on-line, decidiu-se pelo uso da mediação como o método de ADR mais viável e fácil de usar. E conclui que o ODR poderia ser uma ferramenta vantajosa considerável na resolução de disputas decorrentes de transações no eBay, já que os clientes em um ambiente on-line buscam uma resolução como parte da natureza do comércio eletrônico. E como resultado das experiências positivas com o ODR, o eBay recomenda agora o uso dessa ferramenta[429].

O caso é considerado paradigmático, pois seu experimento preparou as bases para o extenso emprego das técnicas de ODR e mediação on-line na solução de disputas de forma privada, o que de certa forma provocou os setores públicos a se atentarem mais a essa perspectiva, sem contar que o eBay continua a implementar inovações aos processos, o que denota a importância de uma pesquisa constante sobre os métodos e ferramentas utilizadas pelas plataformas. Mais recentemente, o eBay instituiu o processo híbrido de solução, começando a negociação de forma automatizada e encaminhando, se necessário, para a intervenção de um mediador ou conciliador humano, ainda se utilizando das ferramentas on-line de comunicação[430].

Toda a sistematização do caso eBay faz com que sua trajetória seja frequentemente revisitada, quando o assunto que se queira tratar envolva questões relacionadas a intervenções on-line de soluções de conflitos de forma mais assertiva e que busque respostas mais efetivas as constantes mudanças da sociedade. É a partir desse exemplo que outros atores políticos e sociais buscam inspiração para elaborar métodos e ferramentas para dar

---

[429] GUADAMUZ, 2003, p. 6.
[430] EBNER, 2012, p. 370, 371.

uma resposta mais imediata aos reflexos que as características do V.U.C.A. apresentam, sendo importante a exemplificação de outros casos.

### 3.3.2 Caso Europeu

A contribuição da União Europeia foi a que que mais alavancou a fase de implantações das plataformas on-line, e como toda e qualquer inovação tecnológica, sua implementação não atingiu todo o potencial de alcance esperado, por inúmeros fatores, mas se pode destacar primeiramente a falta de investimentos e marketing na divulgação das ferramentas, contando simplesmente com o pioneirismo do serviço[431]. Postura que a cada dia se torna mais inaceitável, por conta do volume de informações diárias recebidas pelos indivíduos, o bombardeio de mensagens que visam estimular mais e mais o consumo, que possivelmente remonte conflitos de compras anteriores com as novas, e com o grande volume e baixo valor, os consumidores não se atentam às condutas lesivas que acabam por sofrer.

A Comissão Europeia nota a proliferação dos serviços de ADR em seus países que lidavam com disputas de consumidores e, principalmente, esquemas de arbitragem desde o ano de 1993. Compila dados sobre o acesso dos consumidores à Justiça no mercado interno com o objetivo de salvaguardar a eficácia do quadro jurídico na proteção do consumidor, ponderando que o acesso do consumidor à Justiça estava sendo alcançado, mas observa que o simples acesso aos tribunais não condizia com todo o escopo do sentido de acesso à Justiça e que era possível considerar alternativas disponíveis[432].

Assim, procura encontrar um padrão entre os diferentes tipos de ADR, e em 30 de março de 1998 publica uma recomendação relativa à liquidação extrajudicial no tratamento de disputas entre consumidores e dá continuidade as demais publicações sobre solução alternativa de controvérsias no direito civil e comercial. E a partir dos anos 2000 é estabelecida uma série de normativas para fomentar e regular as iniciativas de ADR, a exemplo da recomendação da Comissão n. 4 de abril de 2001, relativas aos princípios dos órgãos extrajudiciais envolvidos na resolução consensual de litígios de consumo[433].

---

[431] POBLET; ROSS, 2012, p. 465.
[432] POBLET; ROSS, 2012, p. 467.
[433] *Ibidem*, p. 468.

Acompanhada da iniciativa do Regulamento (CE) n.° 861, de 11 de julho de 2007, do Parlamento Europeu e do Conselho, que estabelece o procedimento europeu para ações de pequeno valor, como objetivo de simplificar, acelerar e reduzir os custos de litígios de pequenas ações que não excedessem o valor de 2.000 euros em casos transfronteiriços. Nesse aspecto, esse regulamento pode ser considerado um marco de validação do ODR, pois estabelece que o órgão jurisdicional possa realizar uma audiência oral por videoconferência ou outra tecnologia de comunicação, se os meios técnicos estiverem disponíveis[434], ou seja, já apresenta uma abertura para o uso de tecnologia de informação e comunicação no complemento das técnicas de solução.

Iniciativa que se seguiu com a adoção da Diretiva 2008/52/CE, de 21 de maio de 2008, do Parlamento Europeu e do Conselho, que descreve determinados aspectos da mediação envolvendo matéria civil e comercial, sendo emitida com a finalidade de facilitar o acesso à mediação em litígios civis ou comerciais transfronteiriços, respeitando desde logo as novas características comerciais que a sociedade vinha presenciando e complementa a lógica de adaptação e acesso com a exigência de que os Estados Membros garantam que o treinamento e a oferta de mediação sejam incentivados positivamente e que seus resultados possam ser executados[435].

Em março de 2013, o plenário do Parlamento Europeu aprovou duas diretivas, uma que assevera sobre a resolução alternativa de litígios (ADR) e outra acerca da resolução de litígios on-line (ODR), visando ao acesso dos membros da União Europeia (UE) a uma mediação rápida, barata e imparcial para resolução de disputas, o que obriga a todos os países-membros da UE a introduzirem esses tipos de sistemas de forma gratuita para os consumidores ou em determinados casos estabelecendo uma "taxa nominal". Com o prazo máximo para resolução dentro de 90 dias contados após a apresentação da queixa[436]. E mesmo as diretivas atribuindo a obrigação, não havia muitas iniciativas para se instituir as plataformas on-line de resolução, muito em razão da pouca informação existente que qualifica a mediação on-line com melhores resultados que a mediação convencional.

As primeiras iniciativas reconhecidas de serviços de ODR foram fundadas por advogados e surgiram no Reino Unido, com as plataformas privadas

---

[434] *Ibidem*, p. 468.
[435] *Ibidem*, p. 468.
[436] LÓPEZ, 2013, *passim*.

*InterSettle*, *e-Settle* e *We Can Settle*, todos sites de ofertas cegas usando software próprio desenvolvido. Outro fato que se destaca foi o alto investimento recebido pelos advogados empreendedores para execução das plataformas. Entretanto, suas atividades ainda eram incipientes, e o alto investimento, a cultura de litigância não havia mudado, os usuários ainda não confiavam na quarta parte, e ainda que pioneiros, depois de algumas questões técnicas envolvendo a patente do software de análise cega, as plataformas encerram suas atividades[437].

Com o surgimento de novas tecnologias, outras iniciativas de ODR surgiram no globo, como o próprio *e-Bay, Canadian Civil Resolution Tribunal, Financial Ombudsman Service, Nominet, Rechtwijzer, Resolver, Youstice, Online Schlichter, Cybersettle, Modria, Traffic Penalty Tribunal*. Experiências que apresentam como principais litígios questões de comércio eletrônico, envolvendo reclamações ou devoluções por parte dos compradores de produtos que não condizem ou atendam às descrições dadas pelos sites de compra, e das reclamações de fornecedores em razão do não pagamento das aquisições pelos compradores[438].

Todas as experiências observadas culminaram no ano de 2016, na disponibilização da plataforma *European Commission*, contando com um amplo acesso geográfico e opções de variados idiomas, para atender a todos os países-membros da União Europeia, e apresenta seu fluxograma dividido em quatro passos. Esses passos iniciam-se com o preenchimento dos formulários de reclamações e seu envio para análise do fornecedor, em seguida, ocorre a proposição de um dos métodos disponíveis mais adequados para a demanda. O terceiro passo consiste no aceite do consumidor e do fornecedor ao método e ou entidade de ADR sugeridos para a solução do conflito, por fim, se ambas as partes concordarem, a plataforma transfere automaticamente a demanda à entidade de ADR para lidar com o caso ou media o método, exclusivamente por meio digital e com prazo final de resolução de no máximo 90 (noventa) dias[439].

Elemento importante da diretiva que provoca a criação da plataforma, segundo Marta Poblet e Graham Ross, é que a diretiva exige que qualquer prazo de prescrição previsto em leis dos Estados-Membro sejam suspensos

---

[437] POBLET; ROSS, 2012, p. 474.
[438] ROSAS, Isabela Magalhães; MOURÃO, Carlos Eduardo Rabelo. **Resolução online de conflitos**: O caso europeu e uma análise do contexto jurídico brasileiro. Tecnologia Jurídica e Direito Digital, 2017. p. 8, 9.
[439] ROSAS; MOURÃO, 2017, p. 9.

quando as partes se envolvam em mediação, para o fim de evitar que as partes se neguem a utilizar o recurso da mediação com o intuito de se valerem de seus recursos legais e com isso objetiva-se propiciar um ambiente mais interessante para adoção de soluções e serviços de ODR em disputas transfronteiriças[440].

Outro ponto que se destaca nas discussões do caso europeu envolvendo ODR é a iniciativa do governo espanhol em estabelecer em lei que todas as ações civis e comerciais de valores inferiores a € 300 (trezentos euros) sejam tratadas por meios eletrônicos, salvo se as partes justifiquem a dificuldade de utilizá-las. Embora o parâmetro de valor pecuniário seja de grande valia para fomentar a aplicação das plataformas de solução on-line, o projeto também estabelece que os conflitos oriundos de relação de consumo, em que uma das partes seja a figura do consumidor, não podem ser tratados de maneira on-line, independentemente da técnica utilizada, essa exceção, no entanto, pode vir a impactar notadamente o uso dessas estratégias[441].

Nesse aspecto, a proibição do uso das ferramentas on-line apresenta-se na contramão de uma sociedade que é voltada para o consumo. Visto que a maior quantidade de conflitos tem suas origens de questões consumeristas, além de renegar a popularização das ferramentas perante seus usuários, como destaca Isabela Magalhães Rosas e Carlos Eduardo Rabelo Mourão,

> Consumidores e fornecedores da UE conseguem resolver seus conflitos independentemente de fronteiras, de forma rápida, simples e financeiramente acessível, os consumidores da UE sentem-se encorajados a reclamarem seus direitos, sendo que 45% deles consideram fácil a resolução de conflitos por meio dessa nova ferramenta e 70% demonstram-se satisfeitos com os seus resultados. Os fornecedores, por sua vez, sentem-se incentivados a efetuar transações internacionais devido à praticidade da plataforma no âmbito de resolução internacional de conflitos. Ademais, as empresas da UE irão economizar anualmente em média, se utilizarem ADR em vez de processos judiciais, de 1,7 a 3 bilhões de Euros; e, em tempo, economizam 258 dias. O impacto no orçamento da UE também deve ser considerado. Os custos para desenvolver um sistema de ODR com meios para transações transfronteiriças de comércio eletrônico pode ser estimado em cerca de 2 milhões de Euros e os custos anuais de manutenção e funcionamento, em cerca de 300 mil Euros[442].

---

[440] POBLET; ROSS, 2012, p. 468.
[441] LÓPEZ, 2013, *passim*.
[442] ROSAS; MOURÃO, 2017, p. 10.

De forma que proibir de maneira enfática a sua utilização é ignorar os anseios de seus usuários e esvaziar todo o potencial existente, relegando essa estrutura a uma peça de hardware obsoleta, como um monitor de tubo, que só ocupa espaço em mesas e prateleiras.

### 3.3.3 Caso Australiano

Como observado, os fatores internacionais e locais envolvendo os aspectos tecnológicos e formas mais ágeis de solucionar conflitos vêm influenciando o crescimento e incentivando novas maneiras de solucionar disputas, dentre elas o ODR. E seus reflexos atingiram também a Austrália, em específico o crescimento dessas ferramentas pode ser atribuído ao ambiente saudável de Resolução Alternativa de Litígios (ADR), advindas das reformas legislativas ocorridas sobre o tema[443].

Reformas que introduziram a mediação de forma obrigatória em determinados ramos do Direito antes do julgamento, assim, os processos primários de resolução de disputas (*Primary Dispute Resolution*), como a mediação, se tornaram pardrão para a maioria dos casos em que há disputas sobre parentalidade ou propriedade[444]; esse posicionamento ocasionou um aumento da necessidade de serviços ou estruturas que englobassem a nova demanda criada. Interessante destacar que a estrutura normativa desenhada não estabelecia critérios técnicos para o uso da mediação, dessa forma, fornecedores de soluções de disputa responderam às necessidades com soluções inovadoras, incluindo tecnologias de mediação on-line assistidas por computador[445], para ajudar os disputantes a resolver melhor seus conflitos, atender à demanda, reduzir custos e aproveitar os benefícios da tecnologia[446].

A inovação nos sistemas de resolução não foi esclusivamente virtual, outras estratégias foram estabelecidas, como o uso dos telefones, que se tornaram populares como meio de apoio às partes para chegarem ao acordo; entretanto, estes ainda se baseavam em comunicações síncronas e

---

[443] SOURDIN, Tania; LIYANAGE, Kananke Chinthaka. The promise and reality of online dispute resolution in Australia. *In:* **Online Dispute Resolution**: Theory and Practice - A Treatise on Technology and Dispute Resolution. 1. ed. The Hague Netherlands: Eleven, 2012. p. 483.

[444] MELISSA H. CONLEY, Tyler; MCPHERSON, Mark W. Online Dispute Resolution and Family Disputes. **Journal of Family Studies**, 2006, *passim*.

[445] TRISTAN, WILSON-EVERED. 2012, *passim*.

[446] WILSON-EVERED E., MACFARLANE D., ZELEZNIKOW J., THOMSON M.; Towards an Online Family Dispute Resolution Service in Australia. *In:* POBLET, M. (ed.). Mobile Technologies for Conflict Management Law, Governance and Technology Series, v. 2. Springer, Dordrecht. 2011, "abstract".

com resultados de alcance limitados, o que fortaleceu o desenvolvimento tecnológico para uma maior eficiência de serviço e sofisticação da comunidade. Percebe-se que um sistema on-line aumenta o leque de ofertas e modalidades entre as quais aqueles que procuram resolver suas disputas podem escolher, e se destaca também o fato de que a plataforma on-line não necessariamente irá substituir os serviços presenciais ou telefônicos, podendo ser utilizados como complementos um do outro, para garantir acordos mutuamente satisfatórios[447].

Importante lembrar que as plataformas on-line de resolução observadas na Austrália segundo Melissa Tyler, Mark McPherson, primariamente apresentavam seu uso mais otimizado em conflitos do Direito de família. Em seu estudo foram identificados e classificados nove sistemas de ODR relevantes, e alertam que ainda é necessário mais pesquisas acerca das pontencialidades dos sitesmas, mas independentemente disso, os mecanismos de resolução on-line têm seu potencial destacado, e se ainda não se encontram totalmente desenvolvidas para uso na resolução de disputas envolvendo areas do Direito, como de familia e consumidor, por exemplo, diante do crescente uso da tecnologia da informação e comunicação via internet, sua evolução e inovacao é certa[448].

Com a crescente demanda e as inúmeras inovações envolvendo ODR, esses sistemas se expandiram para outros setores, principalmente nas questões envolvendo relações de consumo por meio do comércio eletrônico. As plataformas e mecanismos colocados em uso têm seu sistema baseado no tratamento de reclamações e disputas dos consumidores como um primeiro nível de resolução. O crescimento desses esquemas é exponencial nos últimos anos, e atualmente existem vários exemplos de processos disponíveis para resolver disputas que surgiram de um processo de transação on-line.

Dentre as inúmeras plataformas, a iniciativa *Consumer Affairs Victoria* (CAV), que traduzido livremente seria Assuntos de Consumo Vitória, fornece um ambiente de ODR híbrido, que possui diferentes mecanismos de resolução e facilitadores, conduzidos através de ferramentas on-line e métodos off-line. Por exemplo, os mecanismos de ADR são utilizados preferencialmente entre disputas envolvendo fornecedores e consumidores ou inquilinos e proprietários; já a conciliação é conduzida por ferramentas de comunicação como telefone, e-mail e reuniões presenciais, além de um

---
[447] *Idem, passim.*
[448] MELISSA H. CONLEY; MCPHERSON, 2006, *passim.*

pacote completo de casos envolvendo disputas de consumo e um espaço para o consumidor apresentar suas reclamações no ambiente on-line.

Essa plataforma objetiva primeiramente orientar e capacitar o consumidor sobre as possibilidades ofertadas e os reflexos das soluções alcançadas, para assim criar um ambiente que proteja os consumidores vulneráveis e desfavorecidos, contribuindo para o transcorrer de uma negociação competitiva, segura e justa.

A CAV estabelece seu organograma em consonância com os objetivos de proteção dos consumidores, e vai além de uma simples plataforma de resolução, destaca aspectos de educação financeira e de consumo, quando apresenta vídeos de conscientização sobre compras na internet, golpes atuais contra consumidor e dicas de como evitá-los.

Inova ainda mais neste aspecto quando acrescenta o uso do Twitter em seu organograma de ação e prevenção, para manter contato mais próximo com os consumidores, tuitando resultados dos tribunais que envolvem demandas consumeristas, alertas aos consumidores, conselhos e dicas para ajudar os consumidores, comerciantes e indústria[449].

De certo que a hiperconectividade que se estabelece no mundo pode influenciar como os serviços são prestados e a postura dos profissionais do Direito, em especial no olhar mais atento sobre os desejos de seus clientes, e se o perfil destes caberiam em uma das formas de ODR oferecidas. Cabe ponderar que para além de apresentar novas possibilidades digitais de solução de conflitos, a influência do V.U.C.A. recai nos aspectos de se desenvolver ferramentas de tecnologia da informação e educação para apoiar a negociação e a mediação nesses ambientes, para o fim de responder à alta volatilidade e incerteza das relações e de se proteger os mais vulneráveis[450].

### 3.3.4 Caso Brasileiro – plataforma consumidor.gov.br

A estrutura do Poder Judiciário brasileiro é organizada em cinco segmentos de Justiça: Justiça Estadual, Justiça do Trabalho, Justiça Federal, Justiça Eleitoral e Justiça Militar. A eficiência do serviço prestado pelo Judiciário é exigência do cidadão e obrigação do Estado, ou seja, buscar resolver os gargalos que envolvem a prestação jurisdicional em tempo hábil, como

---

[449] SOURDIN; LIYANAGE, p. 488, 489.
[450] BELLUCCI E., MACFARLANE D., ZELEZNIKOW J. How Information Technology Can Support Family Law and Mediation. Business Information Systems Workshops. **Lecture Notes in Business Information Processing**, Springer, Berlin, Heidelberg, v. 57, 2010. p. 244, 245.

prevê a Constituição, e apresentar estratégias para que ocorra uma redução do número de processos no sistema.

O primeiro atributo do Poder Judiciário levado em conta é a capilarização dessa estrutura por inúmeros municípios, sem contar que no surgimento de alguma forma de lide o cidadão lesado pode ser assessorado inicialmente por profissionais que fazem parte da própria estrutura do Poder Judiciário, a exemplo da Defensoria Pública[451].

Sendo a escolha da via judicial podendo estar relacionada às condições particulares do próprio cidadão ou do pedido que se buscar fazer, em especial em casos que têm um caráter de urgência, busca-se recorrer a plantões judiciários, pois fundamentando seu pedido com os requisitos da tutela antecipada, pleiteia-se o proferimento de uma liminar judicial[452].

Situação que pode ser observada nos dados coletados do relatório do CNJ[453] (ver Tabela 1), que conta com um recorte dos últimos cinco anos somente de processos novos que entraram no sistema a cada ano, o que vem contribuir com uma melhor visão dessa situação de escolha individual de cada cidadão. Com os dados coletados, procede-se o cálculo da média aritmética com os valores expressos em percentuais. Frente aos resultados, é possível observar que o número de processos divididos por áreas temáticas não sofre grandes alterações na média anual. Estes são concentrados em cinco grandes áreas, Direito do Trabalho, Direito Civil, Direito Processual Civil e do Trabalho e Direito Penal e Consumidor (estes empatados tecnicamente); juntos, esses processos são responsáveis por aproximadamente 75% de todas as demandas de casos novos no Poder Judiciário.

Essa constatação é importante para que um diagnóstico possa ser elaborado e ações relativas à estrutura do sistema, recursos humanos e técnicos e novas formas da prestação jurisdicional possam ser pensadas. Em especial no recorte desta pesquisa, volta-se com um olhar mais atento às demandas envolvendo Direito do Consumidor, que totalizam cerca de 10% das demandas que chegam ao judiciário.

---

[451] CARVALHO, Rafaela Magalhães Nogueira; PORTO, Antônio José Maristrello; RAMALHO, Bruno Araujo. Papel institucional dos canais de reclamação para a resolução extrajudicial de conflitos sobre planos de saúde: uma análise comparada. Rev. Bras. Polít. Públicas, v. 8, n. 3, 2018. p. 382.
[452] CARVALHO; PORTO; RAMALHO, 2018, p. 384.
[453] Todos os dados desta seção foram obtidos no sítio do CNJ. https://bit.ly/2GVOKRi, 1 fev. 2019.

Tabela 1 – Média percentual do número de processos novos no judiciário brasileiro. CNJ 2019

| Área do Direito | % | Área do Direito | % |
| --- | --- | --- | --- |
| Direito do Trabalho | 23,78% | Direito Tributário | 7,69% |
| Direito Civil | 19,35% | Direito Previdenciário | 5,88% |
| Direito Processual Civil e do Trabalho | 11,48% | Direito Eleitoral | 3,57% |
| Direito Penal | 9,99% | Direito da Criança e do Adolescente | 1,44% |
| Direito do Consumidor | 9,92% | Direito Processual Penal | 1,43% |

Fonte: CNJ/2019

O recorte é interessante por tratar-se de demandas do dia a dia, relacionadas ao trato direto entre pessoas com pessoas, pessoas e empresas e empresas com empresas. De forma que ao separar a amostragem das demandas de casos novos relacionados ao Direito do Consumidor (ver Tabela 2), observa-se que questões que envolvem Responsabilidade do Fornecedor e Contratos de Consumo são os grandes conflitos encontrados.

O Direito do Consumidor é um terreno fértil de conflitos, muitos dos casos não teriam necessidade de movimentar a máquina pública judicial para que pudessem ser pacificados. Como verificado nos dados de demandas envolvendo questões de oferta e publicidade, cláusulas abusivas, irregularidades no atendimento e outros apresentam um percentual pequeno, mas que geram processos que se ocupam do fluxo do Poder Judiciário, e necessitam de um estudo mais amplo caso a caso. O cenário que se apresenta em conjunto da massificação de novas tecnologias de comunicação e acesso pode ser considerado fatores de estímulo para a criação de novas estratégias para resolução de conflitos. Em especial no caso apresentado pela Senacon.

Tabela 2 – Percentual de conflitos consumeristas ajuizados. CNJ 2019

| Demandas | % | Demandas | % |
| --- | --- | --- | --- |
| Responsabilidade do Fornecedor | 66,32 | Oferta e Publicidade | 0,33 |
| Contratos de Consumo | 31,72 | Cláusulas abusivas | 0,19 |
| Práticas Abusivas | 0,86 | Irregularidade no atendimento | 0,16 |
| Dever de informação | 0,35 | Vendas casadas | 0,05 |

Fonte: CNJ/2019

A dúvida que surge é se existem canais de resolução extrajudicial de conflitos que funcionem, não se perdendo de vista que a instituição de um canal público de comunicação com foco nas questões consumeristas, como é o caso da plataforma consumidor.gov.br, deve ser considerada uma iniciativa promissora para se responder dúvidas da existência ou não de soluções extrajudiciais efetivas, com a finalidade de ampliar as possibilidades de acesso, bem como a de aliviar a quantidade de processos judicializados[454].

Provocada por essa necessidade de se instituir canais que auxiliam na redução de litígios judicializados, em especial na área do Direito do Consumidor, é que se encontra a iniciativa da Senacon – Secretaria Nacional do Consumidor –, que atendendo ao disposto no artigo 4º, inciso V, da Lei n, 8.078/1990 (Código de Defesa do Consumidor), e artigo 7º, incisos I, II e III do Decreto n. 7.963/2013, implementa a plataforma que foi institucionalizada pelo Decreto n. 8.573, de 19 de novembro de 2015, desenvolvendo a criação do portal consumidor.gov.br, que objetiva continuar a intermediar os diálogos entre consumidores e fornecedores de forma mais prática e principalmente estimular e fomentar as vantagens das resoluções consensuais para as controvérsias consumeristas.

Essa plataforma utiliza um sistema nacional, chamado de Sindec, que é alimentado por todos os Procons do país, que registra todas as reclamações do Brasil, ou seja, existe uma única plataforma que conglomera todas as reclamações, o que facilita a análise do perfil das empresas, destacando-se as maiores infratoras, o que contribui para o estabelecimento de políticas públicas na defesa do consumidor.

Apresenta como característica fundamental a gratuidade, estimulando seu uso frente à sociedade, utiliza-se da internet para uma interlocução mais célere entre as partes e garantir sua utilidade como alternativa de autocomposição de litígios consumeristas, que integram quase a metade de todos os processos que tramitam perante o sistema judiciário brasileiro[455], e não se confunde com os procedimentos administrativos instaurados de forma presencial pelos Órgãos de Defesa do Consumidor, e, principalmente, sua utilização não prejudica o atendimento nos Procons e muito menos a possibilidade de buscar meios tradicionais adjudicatórios.

O organograma da plataforma visa oferecer como principal inovação a possibilidade de uma comunicação direta entre os consumidores e fornecedores, fazendo uso de ambiente público mantido por recursos do Estado, transparente

---

[454] CARVALHO; PORTO; RAMALHO, 2018, p. 382.
[455] *Ibidem*, p. 373.

e que dispensa a intervenção do Poder Público nas negociações individuais, ou seja, consiste em mais um canal para que o consumidor se utilize para que possa resolver suas demandas diretamente com as empresas, contudo, por se tratar de um serviço extrajudicial, a participação de empresas é voluntária.

Em síntese, o atendimento realizado por meio do consumidor.gov.br ocorre especificamente pela demanda do consumidor, que busca no sistema se a empresa é cadastrada, em razão da voluntariedade de participação das empresas; em seguida, o consumidor registra sua reclamação e a partir daí se dá a contagem do prazo para resolução, conforme fluxo apresentado pela própria plataforma;

> Durante esse prazo, a empresa tem a oportunidade de interagir com o consumidor antes da postagem de sua resposta final e após a manifestação da empresa, é garantida ao consumidor a chance de comentar a resposta recebida, sendo o consumidor o responsável por classificar a demanda como *Resolvida* ou *Não Resolvida*, e por fim indicar seu nível de satisfação com o atendimento recebido[456].

O sucesso de qualquer plataforma para a resolução de conflitos depende da sua aptidão para dar fim ao problema, seja induzindo a parte reclamada a fornecer aquilo que é postulado na reclamação, seja alcançando uma solução intermediária de comum acordo entre as partes. Essa medida começa a se mostrar factível de ser observada, tendo em vista que o canal de reclamações vem apresentando um volume crescente de registros de reclamações, o que mostra progressiva adesão de consumidores a essa modalidade de resolução de conflitos[457].

As demandas consumeristas cadastradas no ano de 2019 no site do consumidor.gov se apresentaram da seguinte forma: Operadoras de telecomunicações, 43,3%; Bancos, financeiras e administradoras de cartão, 20,4%; Bancos de dados e cadastros de consumidores, 14,5%; comércio eletrônico, 8,0%; transporte aéreo, 2,5%; varejo, 1,5%; fabricantes de eletrodomésticos, 3,2%; demais segmentos, 6,6%[458].

Importante frisar que apesar de as nomenclaturas utilizadas para classificar as demandas apresentarem certas diferenças, existe uma similaridade que deve ser destacada, o percentual das menores demandas demonstrado no relatório do CNJ tem um acréscimo significativo quando comparado aos dados apresentados pela plataforma consumidor.gov.br, o que demonstra

---

[456] Informações obtidas do sítio www.consumidor.gov.br em 15 mar. 2019.
[457] CARVALHO; PORTO; RAMALHO, 2018, p. 382.
[458] www.consumidor.gov.br (2019).

a quantidade de demandas existentes entre os consumidores que não eram provocadas e que, com o acesso facilitado pela plataforma, começam a ser registrados e, por consequência, aos poucos vão deixando de movimentar o aparato judicial, o que vem a corroborar com a ideia de sucesso de um sistema desse tipo.

A plataforma, desde seu lançamento em 2014, já cadastrou o número de 1.091.643 (um milhão e noventa e um mil e seiscentos e quarenta e três) reclamações, oriundas dos 839.215 (oitocentos e trinta e nove mil e duzentos e quinze) usuários cadastrados e das 422 (quatrocentos e vinte e duas) empresas credenciadas voluntariamente. Desse total, a plataforma apresenta um Índice Médio de Solução de 80,8%, com um prazo médio de resposta para as demandas de 6,3 dias; sendo que só no ano de 2017 foram realizados 341.585 novos cadastros de usuários, gerando o número de 470.748 reclamações finalizadas, sendo o número de reclamações, conforme gráfico a seguir, dividida em grupos que frequentemente se destacam, sendo as mais reclamadas as empresas de telecomunicações, seguidas dos bancos e financeiras, bancos de dados e cadastro de consumidores e do comércio eletrônico.

Segundo o Procon, no ano de 2019, o índice de solução por meio da plataforma no segmento de Telecomunicações obteve o maior índice de resolutividade desde o início de seu funcionamento, com 88,6%, seguido dos segmentos como financeiras e administradoras de cartões, com 76,8%, cadastros de consumidores com 81,5% e comercio eletrônico com 69,5%.

Resultados que se mostram estimulantes ao se analisar o crescimento exponencial das demandas consumeristas ajuizadas e a lentidão em se conseguir uma tutela judicial. Esses dados demonstram um novo caminho para atender os anseios da sociedade, num primeiro momento, que visa presar por justiça e celeridade. Os dados apresentados pela plataforma dão indícios de que a composição on-line realizada pelo consumidor.gov.br aparenta ser eficaz, mas é importante destacar o alerta enfatizado pelos pesquisadores Antônio José Maristrello Porto, Rafaela Nogueira e Carina de Castro Quirino, de que

> Muitas das questões levantadas, revelam que é necessário pensar modelos de ODR no Brasil a partir de três perspectivas: (i) informação sobre direitos consumeristas de forma mais simples possível, principalmente nos momentos em que se está elaborando a reclamação no portal e quando se recebe a resposta do fornecedor; (ii) tratar a informação do consumidor vislumbrando que há possibilidade de vieses nas avaliações

que são enviadas (e no silêncio das avaliações também), de modo que a percepção da operacionalidade do sistema não esteja tão sujeita aos dissabores de vieses cognitivos; (iii) tratar a informação advinda dos fornecedores, possibilitando que possam opinar também sobre o resultado do diálogo. Desta forma, se possibilitaria um confronto de dados entre a avaliação do consumidor e do fornecedor, diminuindo eventuais exacerbações tanto de um lado quanto de outro[459].

Ocorre que a defesa de um canal de resolução de consumo não é com o intuito de afastar as reclamações do Procon ou da Justiça, mas sim dar oportunidade para todos, de forma a universalizar a Justiça. A plataforma não apresenta o condão de ser uma barreira à Justiça, e sim de encontrar caminhos para a falta de capilaridade que os Procons apresentam frente a um país continental. Verifica-se que no Brasil existem 5.570 (cinco mil quinhentos e setenta) municípios e só 900 (novecentos) Procons para atender essa demanda, bem como procura formas de atender seus deveres e também aproximar o órgão do novo comportamento do consumidor, que deseja resolver suas demandas por meio de seu aparelho celular.

O fluxo de funcionamento da plataforma depende exclusivamente da adesão espontânea das empresas, o que pode ser considerado um limite para sua atuação, visto que se uma empresa não estiver cadastrada e for demandada por um consumidor, essa reclamação é encaminhada para o fluxo tradicional de atendimento. Outro desafio e limite observado é a importância dada pelas empresas à plataforma, por vezes as estruturas empresariais já precificaram a ocorrência do conflito, os valores envolvidos em demandas judiciais já fazem parte do orçamento da empresa.

Assim, a conscientização dessas empresas em aderir ao sistema é ponto crucial, principalmente pelo fato da obrigatoriedade das empresas em instalar um Serviço de atendimento ao Cliente — SAC —, o que para muitas já é canal suficiente, e ainda, com a crescente jurisprudência defensiva dos tribunais quanto a questões envolvendo danos morais, essa demanda já precificada pode ser mais vantajosa se levada ao Estado-Juiz.

Nesse sentido, o fortalecimento e sucesso dessa plataforma e de outras passa pela inversão do pensamento de que propagar formas diversas de resolver conflitos aumenta o constrangimento da marca, o que especificamente já não tem mais espaço, tendo em vista que a internet abriu inúmeras possibilidades de o consumidor buscar constranger a marca; e sim o con-

---
[459] PORTO; NOGUEIRA; QUIRINO, 2017, p. 11.

trário, demonstrar os incentivos que decorrem do apoio às estratégias de solução de conflitos, na valoração e reputação da marca, na redução de custos fixos, indo além, sendo utilizada como forma de marketing para uma maior fidelização dos clientes e não simplesmente pelo medo de se encontrar em rankings negativos de reclamações.

E para além destas considerações, tem-se que ao Estado não importa quem ou como serão resolvidos os casos, é dever estatal garantir a não ofensa à defesa do consumidor, sua preocupação é com o respeito ao disposto na legislação, o que se busca é uma resposta efetiva ao sistema de defesa dos direitos dos consumidores. Contudo, é importante assinalar a responsabilidade do Estado quanto aos fatores de acessibilidade eletrônica e do desconhecimento dos usuários sobre a plataforma. É dever deste estipular políticas públicas que visem melhorar o acesso à internet e o maior esclarecimento da população acerca dos serviços disponibilizados pela plataforma, para que se reduza a sensação de que as formas extrajudiciais estão distantes de sua realidade ou pelas circunstâncias do pedido e o anseio pelo amparo profissional, ou por considerarem esse instrumento pouco efetivo para suas demandas[460].

O sucesso desta e de outras estratégias passa, também, pela percepção dos operadores do Direito, que devem observar as características do conflito e então orientar, direcionar e pensar em formas mais efetivas de transformá-lo, principalmente pelo fato, como bem destaca Conrado Paulino da Rosa, de o Judiciário ser atualmente uma espécie de hospital de relações humanas, haja vista que toda e qualquer demanda, independentemente de sua complexidade, é levada aos tribunais para que um juízo diga o direito. Muitas dessas demandas, ou não deveriam chagar aos tribunais, ou então poderiam se socorrer de métodos adequados para sua solução. O que reforça o papel do operador do Direito, que é conhecedor com maior profundidade dos anseios das partes, de filtrar o que de fato é matéria de direito e o que é sentimento, e assim contribuir para a tão esperada mudança da cultura de litigância, estabelecendo novos parâmetros de solução[461].

Como apresentado na forma das experiências discutidas, as plataformas buscam cumprir o papel de dar novas possibilidades, para soluções mais ágeis, ocorre que há a real necessidade de uma simbiose entre os advogados, sistemas de ODR, sociedade e entes governamentais, para o fim de fortalecer esse novo modelo.

---

[460] CARVALHO; PORTO; RAMALHO, 2018, p. 391.
[461] **Mediação** Familiar, 2019, [on-line].

# CONSIDERAÇÕES FINAIS

Todo arcabouço desta obra buscou abordar os aspectos relacionados à sociedade que se tornou complexa frente aos atrativos tecnológicos. O cerne perseguido foi o de uma reflexão frente aos limites e possibilidades que essas novas tecnologias apresentam no auxílio das resoluções de conflitos consumeristas on-line e seu potencial de ampliar o conceito do princípio de acesso à Justiça.

Destaco que qualquer tentativa de se discutir questões que envolvam tecnologia e inovação já nascem com aspectos de atraso por sua constante inovação. Esse estado é uma tradução de uma realidade social advinda de diversas conjecturas. Algumas delas provocadas pelas características do V.U.C.A., transformando as personalidades dos consumidores e potencializando as incertezas, insatisfações, desejos e necessidades que devem ser supridas com o menor tempo possível.

A realidade estendida a setores sociais que apresentam de forma involuntária os reflexos de aspectos complexos e ambíguos dessa sociedade, que caminha a passos largos para uma completude digital e que atinge o processo democrático iniciado com o advento da constituição, devendo seus princípios serem revisitados continuamente. Foi observado que a sociedade como um todo tem se modificado, alterando comportamentos, anseios e reivindicações. O que ontem era essencial, hoje já se parece descontextualizado, o olhar muda o tempo todo, a avidez pelo novo e pelo veloz só tende a crescer. Como consequência, surge a necessidade de se analisar os aspectos que norteiam a vida, a respeito ao entrelaçamento entre a questão de Justiça permeada pelas tecnologias de informação e comunicação, que deram o grande salto com a popularização da internet.

O V.U.C.A. condensa características de um mundo líquido, paradoxal, tematizado. Interfere na forma em que o sujeito assimila os novos conceitos e de como vivência seu cotidiano. A necessidade de um olhar mais atencioso sobre os aspectos da justiça e de como atingi-la, pensando-a de maneira a ficar mais próxima do cidadão e carregando consigo a significação dada por eles próprios quanto ao que deveria ser o justo.

É possível dizer que, atualmente, a Justiça pode ser vista como um sentimento, que não se apresenta como um conceito fechado. O justo ou injusto vem carregado por experiência e costumes individuais, uníssonos e até vitais. Mas não é por isso que não se devem traçar parâmetros para que seja atingida, uma das etapas é continuar respeitando o regramento já instituído, pois não se pode fugir de sua postura basilar que envolve as discussões jurídicas, contudo é de suma importância que aos consumidores seja reportada a sua parcela de responsabilidade quanto aos fatores que auxiliem no alcance da justiça.

Decorre desse posicionamento que o justo ou injusto, o certo ou errado, o ganhar ou perder adquirem outra dimensão de compreensão e têm como ponto de inflexão os aspectos da cooperação, da troca de informações e o respeito pelo diálogo, e se tornam protagonistas no movimento de inversão do olhar que carregam os indivíduos, considerada figura ímpar na construção de uma cultura de paz, postura que trará reflexos para outros setores da vida em sociedade.

Os reflexos têm como ponto o acesso à Justiça, que tem seu histórico no Brasil pautado por questões constitucionais, considerado como um direito fundamental, por sua magnitude e potencial de evolução, é corriqueiramente visto como um princípio que garanta ao jurisdicionado o acesso aos tribunais. Conceito que há muito tempo já era rechaçado, mas invariavelmente não era aplicado de forma plena, por inúmeros motivos, e que agora, neste mundo de hiperconectividade, tem seu potencial de evolução mais aclarado de forma a ser considerado elemento essencial para a pacificação.

É preciso que a própria sociedade compreenda que ao se valer de outras formas que possibilitem atenção a suas demandas, estas também se utilizam de uma variação do que vem a ser entendido como acesso à Justiça, e que deve ser fortalecido pelo maior gozo do direito à informação e popularização das formas diversas de se resolver os conflitos.

O conceito clássico de acesso à Justiça que destacava sua essência dentro de três ondas de acesso, hoje pode ser ampliado pela quarta onda, ou seja, aliado à realidade e cultura tecnológica, seus desdobramentos estabelecem práticas que direcionam à amplificação e modificação de seu conceito e contribuem para a efetiva proteção dos direitos, de maneira prática, rápida e acessível, não se prendendo somente a uma metamorfose cultural, que leva gerações para ocorrer. E sim depender do fortalecimento de direitos instrumentais básicos, que possam contribuir com o consumidor, para que este possa ter bases mínimas para enfrentar e tentar compreender os reflexos oriundos das características do V.U.C.A., que devem ir além do direito à informação, o direito à educação e à garantia e efetividade do direito a conexão.

Ocorre que a multiplicidade de sociedades reconhecida por seus mais variados aspectos dentro dos desdobramentos da representatividade do V.U.C.A., e as repostas para uma melhor compreensão são apresentados por sua própria construção. Reconhecemos em seus códigos uma sociedade que valoriza a velocidade das coisas, que não percebe sua volatilidade, que facilita o acesso e disponibiliza um turbilhão de informações. Ao gerar uma sobrecarga de dados, deixa-os incertos e com isso contribui para a amplificação do comportamento ambíguo dos consumidores. E ainda, pauta-se por um complexo estado de instantaneidade das relações e comunicações, afeta a estabilidade das relações, entre o Estado — Mercado — consumidores, haja vista que a paciência não é característica muito apreciada pelos que vivem a realidade desse novo mundo. Dizer que os sujeitos presentes nessa realidade são transcendentes, ou seja, que excedem os limites normais pré-estabelecidos, estão mais conectados, mais antenados, exigentes por soluções que facilitem suas vidas, economizem tempo e principalmente recursos.

Ainda, foi ponderado que o fenômeno da alta-velocidade atinge os sujeitos transcendentes em uma amplitude global, o que catalisa a crescente necessidade de tornarem-se multitarefas, resolvendo suas situações cotidianas, familiares, de negócios e políticas da forma mais ágil e menos burocrática possível. É possível dizer que o V.U.C.A. tende a desencadear uma nova estrutura de Poder, e ressalta-se que é possível, pois essa é uma resposta imprevisível pela própria estrutura V.U.C.A.

Embora algumas situações de descentralização desse Poder tendem a ser reconhecidas empiricamente no dia a dia dos sujeitos transcendentes, cabe ao Estado evitar ao máximo posturas que visem regular os meios e ferramentas tecnológicas, e sim exercer de forma efetiva o dever de proteção aos mais vulneráveis frente às novas forças econômicas que surgem a todo instante e posicionar-se de forma a compreender melhor essa era. O V.U.C.A. cria responsabilidades para todos os entes federativos e atores sociais, principalmente na troca de informações que possibilitem a geração de novos conhecimentos e auxiliem a tomada de decisão, tanto do Estado quanto da sociedade em geral, a respeito de uma nova concepção social, que tende a evitar questões de domínio estatal em suas relações privadas e comerciais, na procura de formas mais ágeis e acessíveis para resolver seus conflitos e estabelecer outras e novas relações frente às mais variadas culturas.

O uso das tecnologias pelos consumidores não pode ser dificultado pelo Estado, na tentativa de regular o fluxo dos acontecimentos, é desafio do Estado auscultar da melhor maneira possível à sociedade, e não empreender esforços em políticas de controle e limitação das novas tecnologias. Reconstruir ou revisitar princípios basilares é papel do Estado, para o fim de adequá-los à nova realidade e dar-lhes maior aporte e ampliação de suas proteções. Dessa forma, aliadas às políticas de desburocratização das relações entre o Estado e sua população, este retome sua função primordial de liderança e reconhecimento, e auxilie os indivíduos a enfrentar de maneira mais segura os desdobramentos dessa nova estrutura de sociedade que se apresenta.

Principalmente pelo fato de que o incremento da tecnologia não tem retorno, não volta, não tem como dar um passo à trás, o único caminho é se adaptar e tentar prever suas consequências, haja vista não existir tecnologia boa ou ruim e sim uso adequado ou inadequado de suas ferramentas. Também, cabe aos entes estatais debruçar maior atenção ao contínuo fluxo de informação, orientando que estes devam seguir protocolos e organogramas específicos e detalhados para a circulação e captação das informações, para que atendam às regras de segurança e proteção estipuladas pela Lei Geral de Proteção de Dados, e de forma ativa protejam os mais vulneráveis, mas que em nenhum momento se posicionem como reguladores ou controladores das inovações aplicadas.

Fica constatado que o Estado tem fundamental papel na elaboração de políticas de acesso às redes e de dar garantias, em especial para a parcela que ainda não tem essa facilidade, conciliando com os consumidores que não dispõem de tempo, ocupados com suas atividades profissionais, familiares, de lazer, dentre outras, o que suga boa parte da energia diária de cada indivíduo. Inicialmente, a necessidade de reflexão sobre a aplicação das tecnologias digitais na solução de conflitos e na contribuição de um novo ideal de justiça, o que se observa é uma propensão de se classificar todos os métodos envolvendo soluções digitais como ODR, entretanto, é mais adequado, como observado, dividir essa classificação em Mediação-On-line e ODR.

Ressalto que ambas continuam sendo estruturalmente iguais, mas diferem no uso das ferramentas tecnológicas, e isso traz uma grande diferença, principalmente em se tratando da resolução de questões consumeristas. Assim, pode-se dizer que um mecanismo de resolução para ser considerado ODR deve ter o implemento da quarta parte, ou seja, que não tenha nenhum contato com o ser humano no resultado da demanda, podemos dizer que um robô atua na análise, de forma cega e imparcial, o que de certo modo inibe sua utilização nesse tipo de demanda, por apresentar certa complexidade de implantação, com vistas, também, a respeitar os preceitos inerentes ao Código de Defesa do Consumidor.

Já nos meios denominados como parte da Medição on-line, que se pautam pelo uso de ferramentas de comunicação e plataformas on-line, a aplicação das técnicas conhecidas como multiportas ou ADR dão apoio à chegada de um acordo e são mais pertinentes quando envolvidas no âmbito do consumo, haja vista que o novo perfil de usuários apresenta-se mais conectado, o que contribui em um maior desinteresse das formas tradicionais para dirimir conflitos, e uma estratégia on-line disponibilizará uma maneira mais fácil na solução de questões.

A indicativos de que os consumidores querem um acesso ao ODR, não pelo fato da dicotomia do bem e do mal, mas em especial pela facilidade e economia de tempo que esses instrumentos propiciam na resolução de suas demandas. O perfil comum dos usuários se caracteriza uma postura de imediatismo instantâneo, de uma avidez por respostas prontas, o que demonstra o interesse de certa parcela em não prolongar as disputas, ainda mais se tratando de valores irrisórios. O que se busca é um ponto final de maneira ágil e que simplifique a vida, e buscam no Judiciário ferramentas que possam ser usadas como um meio de amenizar aflição ao Outro. Preocupam-se com questões de tempo e custo, e começam a precificar suas atitudes.

Os custos de um processo administrativo ou judicial tanto para o poder público quanto para a sociedade é alto, em alguns processos, às vezes, chega a ser mais caro que o valor de algumas demandas. E é a sociedade quem suporta esse custo, e entender e disponibilizar os benefícios de uma ODR ou de uma Mediação-on-line pode contribuir para a proteção econômica da sociedade e do Estado e ainda possibilitar o atendimento da demanda individual. Por essa razão, as estratégias on-line de resolução devem ser voltadas ao consumidor, diferentemente do que pensam alguns países europeus, pois é possível, desde que tomadas algumas precauções quanto à proteção e real informação dos mais vulneráveis, que esses instrumentos se caracterizem por uma utilidade ímpar.

Essas estratégias têm mais valia quando aplicadas às relações de baixo custo econômico e, a exemplo da Espanha, que busca estabelecer um teto indicativo de € 300 (trezentos euros), no Brasil, pode-se propor o uso do valor de R$ 449,53 (quatrocentos e quarenta e nove reais e cinquenta e três centavos), extraído do custo *per capta* do processo.

Por que desse valor? Em razão de que se o valor da demanda for maior que o valor *per capta* do processo, os prejuízos para os cofres públicos e para o bolso dos consumidores serão bem maiores ao final da demanda, sugestão que não visa impor uma nova barreira ou obrigatoriedade de uso, pois estando os valores dentro desse limite deverá existir o incentivo em políticas públicas que informem o cidadão dos benefícios na utilização de uma forma digital e solução em contrapartida à provocação do Judiciário, até porque, a opção por um mecanismo de resolução não obsta o acesso ao Judiciário.

Não há de se falar em uma espécie de privatização da Justiça por intermédio de uma jurisdição privada, pois é certo que a jurisdição é do Poder estatal, mas sim de se trabalhar com o pensamento de uma possível renovação e fortalecimento da autonomia das partes frente às questões processuais, lembrando sempre de se transferir a parte da responsabilidade que cabe aos participantes, cumpre observar que conceitualmente esse instituto difere das regras dos negócios jurídicos processuais.

Já do ponto de vista das empresas, que em um primeiro momento estabelecem suas ações para o fim de resolver suas demandas de forma que não tragam prejuízos a sua marca, não importando de onde surjam. É possível dizer que as empresas objetivam a redução, ou até mesmo evitar certos constrangimentos, como a presença em bancos de dados negativos, bem como pretendendo finalizar as ocorrências no menor tempo possível, evitando dar maiores explicações.

Nesse aspecto, os mecanismos de ODR são importantes para as empresas na prevenção dos danos à marca, no aumento de seu canal de comunicação e na interação com os consumidores, e que se utilizem do marketing institucional, para o fim de agregar valor social à marca. E que em última análise, a nova perspectiva de sociedade e de democracia se respalda em uma comunidade aberta, livre, sem barreiras fronteiriças, por que não dizer, de velocidade quântica.

São essas características que devem conduzir as decisões dos atores do Direito de forma a sempre estabelecerem práticas que visem ao fortalecimento do princípio do acesso à Justiça. O que fortalece o incremento das iniciativas de ODR e de Mediação-On-line imbuídas de um potencial para ampliar o princípio do acesso à Justiça e de resolver as demandas consumeristas de menor valor, de forma mais ágil e com um fluxograma que proteja os mais vulneráveis, inaugurando um novo paradigma processual que vai além da esfera jurídica tradicional. Os meios digitais de solução de conflito buscam a aproximação das partes fora do Poder Judiciário com uma perspectiva de celeridade, eficiência e efetividade; com menor dispêndio para transformar ou pôr fim aos mais variados conflitos.

# REFERÊNCIAS

A MEDIAÇÃO online no direito de família. **Academia MOL** – Mediação Online, 11 jun. 2018. Disponível em: https://bit.ly/33p5VFf, Confira a gravação do evento no link: youtube.com/watch?v=DTy-gEX54p4. Acesso em: 1 jun. 2019.

ABLOW, Keith. Skype revolutionizing mental health care. **The Mind Of The News**, by Fox News, 28 fev. 2013. Disponível em: foxnews.com/health/skype-revolutionizing-mental-health-care. Acesso em: 1 mar. 2019.

ALMEIDA, Rafael Alves; ALMEIDA, Tânia; CRESPO, Mariana Hernandez. **Tribunal Multiportas**: investindo no capital social para maximizar o sistema de solução de conflitos no Brasil. Rio de Janeiro: FGV, 2012. Disponível em: https://bit.ly/2QvwqED. Acesso em: 10 jun. 2019.

AMARAL, Luiz Otavio de Oliveira. **Teoria geral do direito do consumidor**. São Paulo: Revista dos Tribunais, 2010.

ANDRADE, Henrique dos Santos. Os Novos Meios Alternativos ao Judiciário para a Solução de Conflito, apoiados pelas tecnologias da Informação e Comunicação. **Revista de Processo**, São Paulo, v. 268. p. 587-612, jun. 2017.

ANTOUN, Henrique. **A Multidão e o Futuro da Democracia na Cibercultura**. Livro do XI Compós: estudos de comunicação ensaios de complexidade, v. 1, 2002. Disponível em: compos.org.br/data/biblioteca_783.PDF. Acesso em: 1 set. 2019.

ANTUNES, Ana. **Fontes de Informação Sociológica**: Sociedade da Informação. Coimbra, UC 2008. Disponível em: fe.uc.pt/fontes/trabalhos/2008007.pdf. Acesso em: 10 dez. 2018.

ARBIX, Daniel. **A transformação do direito na Era digital e a simplificação do acesso à justiça**. [Entrevista concedida a] Rubia Cabral. AB2L, Rio de Janeiro, 06 fev. 2018, "on-line". Disponível em: https://bit.ly/2oI8IsS. Acesso em: 1 fev. 2019.

ARBIX, Daniel. **Resolução Online de Controvérsias**. São Paulo: Intelecto, 2017.

ARISTÓTELES. **Ética à Nicômaco**. São Paulo: Nova Cultural, 1996.

ASPERTI, Maria Cecília de Araujo. Litigiosidade Repetitiva e a Padronização Decisória: Entre o Acesso à Justiça e a Eficiência do Judiciário. **Revista de Processo**, São Paulo, v. 263, p. 233-255, jan. 2017.

AZEREDO, Caroline Machado de Oliveira; MOURA, Cíntia da Silva. Mediação no Novo CPC: Avanços e Desafios. **Revista de Arbitragem e Mediação**, São Paulo, v. 51, p. 461-478, out./dez. 2016.

AZEVEDO, André Gomma de (org.). **Manual de Mediação Judicial**. 6. ed. CNJ. Brasília/DF: CNJ, 2016. Disponível em: https://bit.ly/2Qkqs8w. Acesso em: 15 dez. 2019.

BAGGIO, Andreza Cristina. A complexidade das relações de consumo e o problema da catividade do consumidor. **Anima**: Revista Eletrônica do Curso de Direito da Opet, v. IV, p. 223-241, 2010.

BAGGIO, Andreza Cristina; DUARTE, Simara Carvalho; KUTEN, Carlos Eduardo. **Sociedade de massas e jurisdição**: o processo civil em transformação e o Stare-Decisis. Curitiba: Ius Gentium, v. 9, p. 70-91. 2014.

BAUDRILLARD, Jean. **A sociedade de consumo**. 2. ed. São Paulo: Edições 70, 1995. Disponível em: https://bit.ly/2kglkFQ. Acesso em: 5 abr. 2019.

BAUMAN, Zygmunt. **Vida líquida**. Rio de Janeiro: Jorge Zahar Ed., 2007.

BAUMAN, Zygmunt. **Globalização**: as consequências humanas. Tradução de Marcus Penchel. Rio de Janeiro: Jorge Zahar Ed., 1999. Disponível em: https://bit.ly/2WiArPz. Acesso em: 5 abr. 2019.

BECK, Ulrich. **La sociedad del riesgo**. Buenos Aires: Paidós, 1998.

BELLUCCI, Emilia; MACFARLANE, Deborah; ZELEZNIKOW, John. How Information Technology Can Support Family Law and Mediation. *In*: Business Information Systems Workshops. BIS, 2010. **Lecture Notes in Business Information Processing**, Springer, Berlin, Heidelberg, v. 57. Disponível em: link.springer.com/chapter/10.1007/978-3-642-15402-7_31. Acesso em: 15 ago. 2019.

BENJAMIN, Antonio Herman V.; MARQUES, Claudia Lima; BESSA, Leonardo Roscoe. **Manual de Direito do Consumidor**. São Paulo: RT, 2011.

BENNETT, Nathan; LEMOINE, James. What V.U.C.A. Really Means for You. **Harvard Business Review**, Atlanta, GA, v. 92, n. 1/2, jan./feb. 2014. Disponível em: ssrn.com/abstract=2389563. Acesso em: 10 abr. 2019.

BITTAR, Eduardo Carlos Bianca. **Curso de filosofia do direito**. 8. ed. São Paulo: Atlas, 2010.

BORGES, Maria Alice Guimarães. A compreensão da sociedade da informação. **Ci. Inf.**, Brasília, v. 29, n. 3, p. 25-32, set./dez. 2000. Disponível em: scielo.br/pdf/%0D/ci/v29n3/a03v29n3.pdf. Acesso em: 1 set. 2018.

BRASIL. CNJ - **Justiça em Números 2019**. Conselho Nacional de Justiça. Brasília: CNJ, 2019. 236p. Disponível em: https://bit.ly/396l8wp. Acesso em: 24 set. 2019.

BRASIL. CNJ - **Painéis Gráficos Justiça em Números**. 2019. Disponível em: https://bit.ly/2GVOKRi. Acesso em: 1 jan. 2019.

BRASIL. CNJ. **Resolução n. 125**, de 29 de novembro de 2010. Dispõe sobre a Política Judiciária Nacional de tratamento adequado dos conflitos de interesses no âmbito do Poder Judiciário e dá outras providências. Brasília: CNJ, 2010f. Disponível em: cnj.jus.br/busca-atos-adm?documento=2579. Acesso em: 1 mar. 2019.

BRASIL. **Constituição da República Federativa do Brasil**. Brasília, DF, Senado, 1998.

BRASIL. **Decreto n. 678, de 6 de novembro de 1992**. Anexo: Artigo 8º da 1ª da Convenção Interamericana sobre Direitos Humanos - São José da Costa Rica. Disponível em: planalto.gov.br/ccivil_03/decreto/D0678.htm. Acesso em: 25 ago. 2018.

BRASIL. **Decreto-Lei n. 4.657, de 4 de setembro de 1942**. Lei de Introdução às normas do Direito Brasileiro. Brasília, DF, 1942. Disponível em: planalto.gov.br/ccivil_03/decreto-lei/del4657.htm. Acesso em: 20 jul. 2019.

BRASIL. **Lei n. 13.105, de 16 de março de 2015**. Código de Processo Civil, Brasília, DF, 2015. Disponível em: planalto.gov.br/ccivil_03/_ato2015-2018/2015/lei/L13105.htm. Acesso em: 20 jul. 2019.

BRASIL. **Lei n. 8.078, de 11 de setembro de 1990**. Código de Defesa do Consumidor -CDC. Brasília, DF, 1990. Disponível em: planalto.gov.br/ccivil_03/leis/l8078.htm. Acesso em: 1 dez. 2019.

BRYMAN, Alan. **A Disneyzação da Sociedade**. Tradução de Maria Silvia Mourão Netto. Aparecida: Ideias & Letras, 2007.

CAFÉ, Ana; CARNEIRO, David; NOVAIS, Paulo; ANDRADE, Francisco. **Sistema de resolução online de conflito para partilhas de bens**: divórcios e heranças. Portugal: Universidade do Minho, 2010. Disponível em: http://hdl.handle.net/1822/19097. Acesso em: 2 dez. 2018.

CÂMARA, Alexandre Freitas. **Arbitragem:** Lei n. 9.307/96. 4. ed. Rio de Janeiro: Lumen Juris, 2005.

CANOTILHO, José Joaquim Gomes. **Direito De Acesso À Justiça Constitucional** - Estados da Conferência das Jurisdições Constitucionais dos Países de Língua Portuguesa. Luanda, Ju./2011. Disponível em: http://migre.me/uOH16. Acesso em: 1 jan. 2019.

CAPPELLETI, Mauro; GARTH, Bryant. **Acesso à justiça**. Tradução de Ellen Gracie Northfleet. Porto Alegre: Fabris, 1988.

CAPPELLETTI, Mauro. Conferência Acesso à Justiça – proferida no plenário da Assembleia Legislativa do Estado do Rio Grande do Sul em 26 e 27 de novembro de 1984. Traduzida por Tupinambá Pinto de Azevedo. **Rev. Ministério Público. Porto Alegre:** Nova Fase, v. 1, n. 18, p. 8-26, 1985. Disponível em: https://bit.ly/38ZWz3K. Acesso em: 18 mar. 2019.

CAPPELLETTI, Mauro. O Acesso à Justiça como Programa de Reformas e Método de Pensamento. **Revista Forense**, Rio de Janeiro, Gen/Editora Forense, v. 395, ano 104, p. 209-224, jan./fev. 2008.

CARRERA, Isabella. As 52 opções de identidade sexual no Facebook. **Revista Época** (on-line), 2 mar. 2014. Disponível em: epoca.globo.com/vida/noticia/2014/03/52-opcoes-de-bidentidade-sexual-no-facebookb.html. Acesso em: 15 set. 2019.

CARVALHO, Rafaela Magalhães Nogueira; PORTO, Antônio José Maristrello; RAMALHO, Bruno Araujo. Papel institucional dos canais de reclamação para a resolução extrajudicial de conflitos sobre planos de saúde: uma análise comparada. **Rev. Bras. Polít. Públicas**, Brasília, v. 8, n. 3, 2018 p. 369-393. Disponível em: publicacoesacademicas.uniceub.br/RBPP/article/view/5674. Acesso em: 1 mar. 2019.

CASEY, Tristan; WILSON-EVERED, Elisabeth. Predicting uptake of technology innovations in online family dispute resolution services: An application and extension of the UTAUT. *In*: Data Computers in Human Behavior. **Elsevier BV**, v. 28, Iss6, p. 2034-2045, 2012. Disponível em: https://bit.ly/2WiB8s9. Acesso em: 15 ago. 2019.

CASTELLS, Manuel. **A Sociedade em Rede**. Tradução de Roneide Venâncio Majer. 19. ed. São Paulo/Rio de Janeiro: Paz e Terra, 2018a.

CASTELLS, Manuel. **Ruptura**: a crise da democracia liberal. Tradução de Joana Angélica d'Avila Melo. 1. ed. Rio de Janeiro: Zahar, 2018b.

CASTELLS, Manuel. **O Poder da Comunicação**. Tradução de Vera Lúcia Mello Joscelyne. 3. ed. São Paulo/Rio de Janeiro: Paz e Terra, 2019.

CASTELLS, Manuel. **O Poder da Identidade**: a era da informação. Tradução de Klauss Brandini Gerhardt. 9. ed. São Paulo/Rio de Janeiro: Paz e Terra, 2018. v. 2.

CAVALIEIRI FILHO, Sergio. **Programa de direito do consumidor**. São Paulo: Atlas, 2008.

CHRISPINO, Álvaro. Gestão do conflito escolar: da classificação dos conflitos aos modelos de mediação. **Ensaio**: avaliação de políticas públicas educacionais, Rio de Janeiro, v. 15, n. 54, p. 11-28, jan./mar. 2007. Disponível em: scielo.br/pdf/ensaio/v15n54/a02v1554. Acesso em: 14 mar. 2019.

CINTRA, Antônio Carlos de Araújo; GRINOVER, Ada Pelegrini; DINAMARCO, Cândido Rangel. **Teoria Geral do Processo**. São Paulo: Malheiros, 2010.

COSTA, Flávio Dino de Castro e. A função realizadora do poder judicial e as políticas públicas no Brasil, 2005. **Rev. CEJ**, Brasília, v. 19, n. 66, maio/ago. 2015. Disponível em: jf.jus.br/ojs2/index.php/revcej/article/viewFile/645/825. Acesso em: 1 dez. 2017.

CRESPO, Mariana Hernandez. A dialogue between professors Frank Sander and Mariana Hernandez Crespo: exploring the evolution of the Multi-Door Courthouse. University of St. Thomas. **Law Journal**, Minnesota, v. 5:3, 2008. Disponível em: https://bit.ly/2UfhGK7. Acesso em: 20 out. 2019.

CUNHA, Antonio Geraldo da. **Dicionário etimológico da língua portuguesa**. 4. ed. Revista pela nova ortografia. Rio de Janeiro: Lexikon, 2010.

DESJARDINS, Jeff. **How Long Does It Take to Hit 50 Million Users?** Visual Capitalist: chart of the week. Publicado em 8 jun. 2018. Disponível em: visualcapitalist.com/how-long-does-it-take-to-hit-50-million-users/. Acesso em: 15 out. 2019.

DEVANESAN, Ruha; ARESTY, Jeffrey. 13. ODR and Justice. *In*: WAHAB, Mohamed S. Abdel; KATSH, M. Ethan, RAINEY, Daniel. **Online Dispute Resolution**: Theory and Practice. A Treatise on Technology and Dispute Resolution. Portland: Eleven International Publishing, 2011.

EBNER, Noam. E-mediation. **Online Dispute Resolution**: Theory and Practice – A Treatise on Technology and Dispute Resolution. Portland: Eleven International Pub., 2012. p. 369-398. Disponível em: ombuds.org/odrbook/ebner1.pdf. Acesso em: 13 set. 2018.

ECKSCHMIDT, Thomas; MAGALHÃES, Mario E. S.; MUHR, Diana. **Do conflito ao acordo na Era digital**: meios eletrônicos para solução de conflitos – MESC. 2. ed. Curitiba: Doyen, 2016.

EFING, Antônio Carlos. **Fundamentos do direito das relações de consumo**. Curitiba: Juruá, 2003.

EFING, Antônio Carlos; SANTOS, Fábio de Sousa; GUALBERTO, Stenio Castiel. Análise do contrato administrativo como instrumento da política nacional das relações de consumo. **Revista Eletrônica Direito e Política**, Itajaí, v. 13, n. 3, 3º quadrimestre de 2018.

EISENSTADT, Shmuel Noah. Modernidades múltiplas. **Sociologia, Problemas e Práticas**, Oeiras, n. 35, p. 139-163, abr. 2001. Disponível em: https://bit.ly/2QnRn3m. Acesso em: 10 out. 2019.

ELEUTERIO, Marco Antonio Masoller. **Sistemas de informação gerenciais na atualidade**. Curitiba: InterSaberes, 2015.

FAJARDO, Elias. **Consumo consciente, comércio justo**: conhecimento e cidadania como fatores econômicos. Rio de Janeiro: Senac Nacional, 2010.

FERREIRA, Rubens da Silva. A sociedade da informação no Brasil: um ensaio sobre os desafios do Estado. **Ci. Inf.**, Brasília, v. 32, n. 1, p. 36-41, jan./abr., 2003. Disponível em: scielo.br/pdf/%0D/ci/v32n1/15971.pdf. Acesso em: 15 out. 2019.

FINKELSTEIN, Maria Eugênia Reis; SACCO NETO, Fernando. **Manual de direito do consumidor**. Rio de Janeiro: Elsevier, 2010.

FOROUZAN, Behrouz A. **Comunicação de dados e redes de computadores**. Tradução: Ariovaldo Griesi. 4. ed. Dados eletrônicos. Porto Alegre: AMGH, 2010.

FROMM, Erich. **Psicanálise da Sociedade Contemporânea**. Tradução de L. A. Bahia, Giasone Rebuá. São Paulo: Círculo do livro S.A., 1955.

FUKS, H.; GEROSA, M. A.; PIMENTEL, M. Projeto de Comunicação em Groupware: Desenvolvimento, Interface e Utilização. **Anais do XXIII Congresso da Sociedade Brasileira de Computação**, Campinas/SP, v. 2, cap. 7, p. 295-338, 2003. Disponível em: https://bit.ly/35Ye0R9. Acesso em: 15 ago. 2019.

GARDETA; Juan M. Velázquez. Nuevos Retos Jurídicos Planteados Por Las Relaciones De Consumo Online. **Revista de Direito do Consumidor**, São Paulo/SP, v. 84, p. 247-273, out./dez. 2012.

GOLDBERG, Stephen B; SANDER, Frank E. A.; ROGERS, Nancy H.; COLE, Sarah Rudolph. **Dispute Resolution**: negotiation, mediation and other processes. 6. ed. Aspen casebook series. New York: Wolters Kluwer Law & Business, 2012.

GONÇALVES, Marcelo Barbi. Meios Alternativos de Solução de Controvérsias. **Revista de Processo**, São Paulo/SP, v. 242, p. 599-631, abr. 2015.

GOUVEIA, Luís Manuel Borges. **Sociedade da Informação**: Notas de contribuição para uma definição operacional. Porto UFP, nov. 2004. Disponível em: https://bit.ly/33iJykA. Acesso em: 10 dez. 2018.

GRINOVER, Ada Pellegrini; VASCONCELLOS E BENJAMIN, Antônio Herman de; FINK Daniel Roberto; FILOMENO, José Geraldo Brito; WATANABE, Kazuo; NERY JÚNIOR, Nelson; DENARI, Zelmo. **Código brasileiro de defesa do consumidor**: comentado pelos autores do anteprojeto. 9. ed. Rio de Janeiro: Forense Universitária, 2007.

GRINOVER, Ada Pellegrini; WATANABE, Kazuo; SALLES, Carlos Alberto de; GABBAY, Daniela Monteiro; LUCHIARI, Valeria Ferioli Lagrasta; OMURA, Masahiko. Conferência de Seoul 2014 constituição e processo – acesso efetivo à justiça: o direito de acesso à justiça e responsabilidades públicas. **Revista de Processo**, São Paulo/SP, v. 250, p. 17-31, dez. 2015.

GUADAMUZ, Andres. Ebay Law: The Legal Implications of the C2C Electronic Commerce Model. **Computer Law & Security Report**, [S. l.], v. 19, n. 6, p. 468-473, 2003. Disponível em: ssrn.com/abstract=569102. Acesso em: 1 jan. 2019.

GUIMARÃES, Ulysses. Discurso de Ulysses Guimarães na promulgação da Constituição de 1988. **Revista de Direito Administrativo**, Rio de Janeiro, v. 249, p. 295-302, set. 2008. Disponível em: https://bit.ly/2IOMs7j. Acesso em: 16 set. 2018.

HEDEEN, Timothy. Remodeling the Multi-Door Courthouse To "Fit the Forum to the Folks": How Screening and Preparation Will Enhance ADR. **Marquette Law Review**, [S. l.], v. 95, p. 941, 2012. Disponível em: https://bit.ly/33mhGMM. Acesso em: 5 jun. 2019.

HOBAIKA, Marcelo Bechara de Souza. O direito e os conflitos da tecnologia da informação. **Portal de e-governo**, inclusão digital e sociedade do conhecimento, mar. 2011. Disponível em: https://bit.ly/2QhEUy9. Acesso em: 10 jan. 2019.

HOFFE, Otfried. **O que é Justiça?** Tradução Peter Naumann. Coleção Filosófica. Porto Alegre: EDIPUCRS, 2003.

IBGE divulga as estimativas da população dos municípios para 2019. **Agência IBGE Notícias**, Editoria: Estatísticas Sociais, 28 ago. 2019. Disponível em: https://bit.ly/2TRL22f. Acesso em: 24 set. 2019.

JACYNTHO, Patrícia H. de Avila; ARNAOLDI, Paulo Roberto C. **A proteção contratual ao consumidor no Mercosul**. Campinas: Interlex, 2001.

JOBIM, Marco Félix. **Cultura, escolas e fases metodológicas do processo**. 3. ed. revisada e atualizada de acordo com o novo CPC. Porto Alegre: Livraria do Advogado, 2016.

JOHNSON, Earl. The Pound Conference Remembered. **Dispute Resolution Magazine**. Published Quarterly. American Bar Association, Section of Dispute Resolution. v. 19, n. 1. 2012. Disponível em: https://bit.ly/35hVaEw. Acesso em: 20 out. 2019.

JÚNIOR; João Carlos Leal. Neoconstitucionalismo e o Acesso à Justiça no Estado Brasileiro Contemporâneo. **Revista de Processo**, São Paulo/SP, v. 265, p. 23-51, mar. 2017.

KUHN, Thomas S. **A Estrutura das revoluções cientificas**. 5. ed. Tradução de Beatriz Vianna Boeira, Nelson Boeira. Coleção debates: Perspectiva, 1998.

LARSON, David A. Online Dispute Resolution: Do You Know Where Your Children Are? **Negotiation Journal**, v. 19, n. 3, p. 199-205, July 2003. Disponível em: link.springer.com/article/10.1023/A:1024673410655. Acesso em: 15 ago. 2019.

LÉVY, Pierre. **Cibercultura**. São Paulo: Ed. 34, 264p. 1999. Disponível em: https://bit.ly/3aVLUZf. Acesso em: 1 set. 2019.

LÉVY, Pierre. **O que é o virtual?** 2. ed. São Paulo: Editora 34, 2011.

LIMA, Gabriela Vasconcelos; FEITOSA, Gustavo Raposo Pereira. Online dispute resolution (ODR): a solução de conflitos e as novas tecnologias. **Revista do Direito**, Santa Cruz do Sul, v. 3, n. 50, p. 53-70, set./ 2016. Disponível em: https://bit.ly/2Wmnrbs. Acesso: 13 jan. 2018.

LIPOVETSKY, Gilles. **A felicidade paradoxal**: ensaio sobre a sociedade de hiperconsumo. Tradução de Maria Lucia Machado. São Paulo: Companhia das Letras, 2007. Disponível em: https://bit.ly/2lwwrum. Acesso em: 1 jan. 2019.

LIPOVETSKY, Gilles; JUVIN, Hervé. **A globalização ocidental**: controvérsia sobre a cultura planetária. Tradução de Armando Braio Ara. Barueri: Manole, 2012.

LONGO, Waldimir Pirro e. **Conceitos básicos sobre ciência e tecnologia**. Rio de Janeiro: FINEP, 1996. v. 1.

LOPES, Camila. O Que é ADR (Alternative Dispute Resolution) e ODR (Online Dispute Resolution)? **Legaltech Brasil**. 2018. Disponível em: https://bit.ly/39V-Fo4W. Acesso em: 13 jan. 2019.

LÓPEZ, Andrés Vázquez. **Online Euromediation Mediation via electronic means**. 1. ed. Madrid, Spain: Kindle Edition, Mar., 2013.

LUDWIG, Celso Luiz. **Para Uma Filosofia Jurídica da Libertação**: Paradigmas da Filosofia, Filosofia da Libertação e Direito Alternativo. 2. ed. São Paulo: Conceito Editorial, 2011.

MACHINE Learning: O que é e qual sua importância? **SAS Analytics Software & Solutions**, 2019. Disponível em: sas.com/pt_br/insights/analytics/machine-learning.html. Acesso em: 10 jan. 2019.

MAIN, Thomas O.; ADR: **The New Equity**. Scholarly Works, Paper 739. HeinOnline: 74 U. Cin. L. Rev.329. 2005. Disponível em: https://bit.ly/3d7m8Dy. Acesso em: 15 jun. 2018.

MANCUSO, Rodolfo de Camargo. **A resolução dos conflitos e a função judicial no contemporâneo Estado de Direito**. 2. ed, rev., atual. e ampl. São Paulo: RT, 2014.

MARTINS, Ana Bela Jesus, JUSTINO, Ana Cristina Fernandes Cortês Santana, GABRIEL, Graça da Conceição Filipe. **SBIDM**: comunicação síncrona, assíncrona e multidireccional. n. 10. "n.p.", 2010. ACTAS: Políticas de Informação na Sociedade em Rede. Disponível em: https://bit.ly/33khugH. Acesso em: 10 nov. 2019.

MARTINS, Fernando Rodrigues. FERREIRA, Keila Pacheco. Diálogo de fontes e governança global: hermenêutica e cidadania mundial na concretude dos direitos humanos. **Revista de Direito do Consumidor**, São Paulo/SP, v. 117. p. 443-467, maio/jun. 2018.

MEDIAÇÃO Familiar e uso das tecnologias em resolução de conflitos são destacados no segundo dia do **2º Congresso Internacional de Mediação e Conciliação**. Assessoria de Comunicação/Emeron. Publicado: 22 maio 2019. "n.p.". Disponível em: https://bit.ly/33iBSPo. Acesso em: 15 ago. 2019.

MELAMED, James C. Online Dispute Resolution. Handbook on Dispute Resolution. p. 41.1-41.30, Oregon State Bar's: 2019. Disponível em: mediate.com/pdf/ODRforLawyers.pdf. Acesso em: 5 mar. 2019.

MELISSA, H. Conley Tyler; MCPHERSON, Mark W. Online Dispute Resolution and Family Disputes. **Journal of Family Studies**, [S. l.], v. 12, n. 2, p. 165-183, 2006. Disponível em: tandfonline.com/doi/abs/10.5172/jfs.327.12.2.165. Acesso em: 5 ago. 2019.

MELLO, Cleyson de Moraes. **Direitos do consumidor**: direito material e processual. v. único: jurisprudências, legislações e sumulas. Rio de Janeiro: Freitas Bastos, 2013.

MIRAGEM, Bruno. Função social do contrato, boa-fé e bons costumes. Nova crise dos contratos e a reconstrução da autonomia negocial pela concretização das cláusulas gerais. *In:* MARQUES. Cláudia Lima (coord.). **A nova crise do contrato**. Estudos sobre a nova teoria contratual. São Paulo: Revista dos Tribunais, 2007.

MORAIS, José Luis Bolzan de; SPENGLER, Fabiana Marion. **Mediação e arbitragem**: alternativas à jurisdição! 3. ed. rev. e atual. Porto Alegre: Livraria do Advogado, 2012.

MOTTA, Fernando P; GUELMANN, Karine R; CASTILHO, Willian M. Reflexões sobre o Direito do Consumidor e a Internet. *In:* CONRADO, Marcelo (org.). **Repensando o Direito do Consumidor**: 15 anos do CDC. Coleção Comissões v. 1 – Comissão Direito do Consumidor. Ordem dos Advogados do Brasil, Secção Paraná. Curitiba, 2005.

NALINI, José Renato. É urgente construir alternativas à justiça. *In:* ZANETI Jr., H.; CABRAL, T. N. X. (org.). **Coleção grandes temas do novo CPC**, v. 9 - justiça multiportas Mediação, Conciliação, Arbitragem e outros meios de solução adequada de conflitos. 1. ed. Salvador: JusPodivm, 2016.

NALINI, José Renato. Novas perspectivas no acesso à justiça. **Revista CEJ**, Brasília/DF, v. 1 n. 3 set./dez. 1997. Disponível em: jf.jus.br/ojs2/index.php/revcej/article/viewArticle/114. Acesso em: 16 set. 2018.

NASCENTES, Antenor. **Dicionário de sinônimos**. 4. ed. Rio de Janeiro: Lexikon, 2011.

NERY JUNIOR, Nelson. **Constituição Federal comentada e legislação constitucional**. (coord.). Nelson Nery Junior, Rosa Maria de Andrade Nery. 5. ed. São Paulo: Revista dos Tribunais, 2014.

NETO, João Luiz Lessa. O novo CPC adotou o modelo multiportas! E agora?! **Revista de Processo**, São Paulo/SP, v. 244, p. 427-441, jun. 2015.

NEVES, Celso. **Estrutura fundamental do Processo Civil**. Rio de Janeiro: Forense, 1995.

NOGUEIRA, Alberto. **Viagem ao Direito do Terceiro Milênio**: justiça, globalização, direitos humanos e tributação. Rio de Janeiro: Renovar, 2001.

NOGUEIRA, Gustavo Santana; NOGUEIRA, Suzane de Almeida Pimentel. Sistema de Múltiplas Portas e o Acesso à Justiça no Brasil: Perspectivas a Partir do Novo Código de Processo Civil. **Revista de Processo**, São Paulo/SP, v. 276, p. 505-522, fev. 2018.

NUNES, Luiz Antonio Rizzatto. **Comentários ao CDC**. São Paulo: Saraiva, 2000.

O QUE é ODR (online dispute resolution)? **Academia MOL-Mediação Online**. 2018. Disponível em: https://bit.ly/2U5IYTj. Acesso em: 13 jan. 2019.

OLIVEIRA, Luthyana Demarchi de; SPENGLER, Fabiana Marion Spengler. **O Fórum Múltiplas Portas como política pública de acesso à justiça e à pacificação social** [recurso eletrônico]. Curitiba: Multideia, 2013.

OUR History. **eBay**, 2019. Disponível em: ebayinc.com/our-company/our-history. Acesso em: 10 jan. 2019.

PEÑARANDA, Gerson Eduardo Ayala. Análisis del conflicto y la mediación como método de resolución: Redorta y Moore. **Revista Academia & Derecho**, [S. l.], v. 4, n. 7, p. 79-106, jul./dez. 2013. Disponível em: https://bit.ly/3d0Zw7z. Acesso em: 15 mar. 2019.

PEREIRA, Samuel. **Filosofia**: Heráclito e Parmênides. Cola da Web (online) "n.p.". Disponível em: coladaweb.com/filosofia/heraclito-e-parmenides. Acesso em: 15 out. 2019.

PERELMAN, Chaïm. **Ética e Direito**. São Paulo: Martins Fontes, 1996.

POBLET, Marta; ROSS, Graham. ODR in Europe. *In:* WAHAB, M. S. A.; KATSH, E.; RAINEY, D. (ed.). **Online Dispute Resolution**: Theory and Practice: A Treatise on Technology and Dispute Resolution. 1. ed. p. 465-481. The Hague Netherlands: Eleven International Publishing. Jan., 2012. Disponível em: mediate.com/pdf/poblet_ross.pdf. Acesso em: 5 mar. 2019.

PORTO, Antônio José Maristrello; NOGUEIRA, Rafaela; QUIRINO, Carina de Castro. Resolução De Conflitos On-Line No Brasil: Um Mecanismo Em Construção. **Revista de Direito do Consumidor**, São Paulo/SP, v. 114. p. 295-318, nov./dez. 2017.

RAMOS, André de Carvalho. Jurisdição internacional sobre relações de consumo no novo código de processo civil: avanços e desafios. **Revista de Direito do Consumidor**, São Paulo/SP, v. 100, p. 473-499, jul./ago. 2015.

RAWLS, John. **Uma teoria da justiça**. São Paulo: Martins Fontes, 1997.

REDORTA, Josep. **Cómo Analizar Los Conflictos**: La tipología de conflictos como herramienta de mediación. Paidós sello editorial de Espasa Libros, S. L. U. Paseo de Recoletos, Madrid (España). Primera edición en libro electrónico (PDF): mayo de 2011.

REDORTA, Josep. Entorno de los métodos alternativos de resolución de conflictos. **Revista de Mediación**, n .3, p. 28-37. Asociación Madrileña de Mediadores, mar. 2009. Disponível em: https://bit.ly/2XT9mkD. Acesso em: 5 mar. 2019.

ROSAS, Isabela Magalhães; MOURÃO, Carlos Eduardo Rabelo. Resolução Online De Conflitos: O Caso Europeu e uma Análise do Contexto Jurídico Brasileiro. *In:* **Tecnologia Jurídica e Direito Digital**. Fórum: 2017.

ROSSINI, Luiz Felipe; COUTO, Monica Bonetti. Concausas da crise do poder judiciário e insuficiência das reformas. **Scientia Iuris**, Londrina, v. 22, n. 2, p. 213-243. Jul, 2018. Disponível em: https://bit.ly/2w7sIcg. Acesso em: 24 set. 2019.

ROTHENBURG; Walter Claudius. RAMOS; Cristiane Ferreira Gomes. Varas Distritais e Competência Previdenciária ou Assistencial: O Direito Fundamental de Acesso à Justiça. **Revista de Processo**, São Paulo/SP, v. 252, p. 111-129, fev. 2016.

ROUSSEAU, Jean-Jacques. **O contrato social**. Tradução de Antônio de Pádua Danesi. São Paulo: Martins Fontes, 1999.

SADEK, Maria Tereza. A crise do judiciário vista pelos juízes: resultados de uma pesquisa quantitativa. **Uma introdução ao estudo da justiça** [online]. Rio de Janeiro: Centro Edelstein de Pesquisas Sociais, 2010. Disponível em: books.scielo.org/id/4w63s/pdf/sadek-9788579820328-03.pdf. Acesso em: 24 set. 2019.

SALDANHA; Alexandre Henrique Tavares. MEDEIROS; Pablo Diego Veras. Processo Judicial Eletrônico e Inclusão Digital Para Acesso à Justiça na Sociedade da Informação. **Revista de Processo** São Paulo/SP, v. 277, p. 541-561, mar. 2018.

SALES, Lilia Maia de Morais; SOUSA, Mariana Almeida. O sistema de múltiplas portas e o judiciário brasileiro. **Direitos fundamentais & justiça**, Porto Alegre/RS, ano 5, n. 16, p. 204-220, jul./set. 2011. Disponível em: https://bit.ly/2x35sfB. Acesso em: 8 jun. 2019.

SANDEL, Michael J. **Justiça**: o que é fazer a coisa certa. Tradução Heloisa Matias, Maria Alice Maximo. 11. ed. Rio de Janeiro: Civilização Brasileira, 2013.

SANDER, Frank E. A. Future of ADR: The Earl F. Nelson Memorial Lecture, the 2000. **Journal of Dispute Resolution**, v. 2000, Art. 5. University of Missouri School of Law Scholarship Repository, 2000. Disponível em: https://bit.ly/2wcyedR. Acesso em: 20 out. 2019.

SANDER, Frank E. A; ROZDEICZER, Lukasz. Matching Cases and Dispute Resolution Procedures: Detailed Analysis Leading to a Mediation-Centered Approach. **Harvard Negotiation Law Review**, [S. l.], v. 11, 2006. Disponível em: ssrn.com/abstract=904805. Acesso em: 20 out. 2019.

SANTAELLA, Lucia. **Comunicação ubíqua**: Repercussões na cultura e na educação. São Paulo: Paulus, 2013.

SANTOS, Moacyr Amaral. **Primeiras Linhas de direito processual civil**. 27. ed. São Paulo: Saraiva, 2010. v. 1.

SARLET, Ingo Wolfgang. **A eficácia dos direitos fundamentais**. 7. ed. Porto Alegre: Livraria do Advogado, 2007.

SARLET, Ingo Wolfgang. Direitos Fundamentais e Direito privado: Algumas considerações em torno da vinculação dos particulares aos direitos fundamentais. *In:* SARLET, Ingo Wolfgang; MORAIS, José Luis Bolzan de. **A constituição concretizada**: Construindo as pontes com o público e o privado. Porto Alegre: Livraria do Advogado, 2000.

SENACON. Informações obtidas do sítio www.consumidor.gov.br. Acesso em: 15 mar. 2019.

SIDRA – Sistema IBGE de recuperação automática. **Estatísticas do registro civil - Tabela 2680**: nascidos viços, ocorridos no ano, por mês do nascimento, sexo, local de nascimento, número de nascidos por parto, idade da mãe na ocasião do parto e lugar do registro. 2019. Disponível em: sidra.ibge.gov.br/tabela/2680#resultado. Acesso em: 24 set. 2019.

SIERRA, Vânia Morales. A judicialização da política no Brasil e a atuação do assistente social na justiça. **R. Katál.**, Florianópolis, v. 14, n. 2, p. 256-264, jul./dez., 2011. Disponível em: scielo.br/pdf/rk/v14n2/13.pdf. Acesso em: 1 jan. 2019.

SILVA, Lívia Maria Ferreira da.; VINHA, Telma Pileggi. Os conflitos entre alunos de 8 e 9 anos: a provocação e a reação ao comportamento perturbador. **Revista**

**Ibero-Americana de Estudos em Educação**, Araraquara, v. 12, n. 3, p. 1901-1918, jul./set. 2017.

SILVEIRA, Henrique Flávio Rodrigues da. Um estudo do poder na sociedade da informação. **Ci. Inf. [online]**, v. 29, n. 3, 2000. Disponível em: scielo.br/pdf/ci/v29n3/a08v29n3.pdf. Acesso em: 15 jan. 2019.

SOARES, Josemar Sidinei; SOUZA, Maria Cláudia Da Silva Antunes de. Sociedade de consumo e o consumismo: implicações existenciais na dimensão da sustentabilidade. **Direito e desenvolvimento**, João Pessoa, v. 9, n. 2, p. 303-318, ago./dez. 2018.

SOURDIN, Tania; LIYANAGE, Kananke Chinthaka. The promise and reality of online dispute resolution in Australia. *In:* WAHAB, M. S. A.; KATSH, E.; RAINEY, D. (ed.). **Online Dispute Resolution**: Theory and Practice: A Treatise on Technology and Dispute Resolution. 1. ed., p. 483-511. The Hague Netherlands: Eleven International Publishing. Jan, 2012. Disponível em: ssrn.com/abstract=2721537. Acesso em: 10 ago. 2019.

TARTUCE, Fernanda **Mediação nos conflitos civis**. 4. ed., rev., atual. e ampl. Rio de Janeiro: Forense; São Paulo: MÉTODO, 2018. [e-book].

THEODORO JÚNIOR, Humberto. **Novo CPC** - Fundamentos e sistematização. 2. ed. rev., atual. e ampl. Rio de Janeiro: Forense, 2015.

TRISTAN, Casey; WILSON-EVERED, Elisabeth. Predicting uptake of technology innovations in online family dispute resolution services: An application and extension of the UTAUT. **Data Computers in Human Behavior**, Elsevier BV, v. 28, p. 2034-2045, 2012. Disponível em: https://bit.ly/36XYWTQ. Acesso em: 10 nov. 2019.

TUCCI, José Rogério Cruz e. Das Normas Fundamentais do Processo Civil Arts. 1º a 12. *In:* TUCCI, José Rogério Cruz e; APRIGLIANO, Ricardo de Carvalho; FILHO, Manoel Caetano Ferreira; DOTTI, Rogéria; MARTINS, Sandro Gilbert. (coord.). **Código de Processo Civil Anotado**. AASP / OAB-PARANÁ, 2014.

VAUGHN, Gustavo Fávero. A jurisprudência defensiva no STJ à luz dos princípios do acesso à justiça e da celeridade processual. **Revista de Processo,** São Paulo/SP, v. 254, p. 339-373, abr. 2016.

VERBICARO, Dennis; ALCÂNTARA, Ana Beatriz Quintas Santiago de. A percepção do sexismo face à cultura do consumo e a hipervulnerabilidade da mulher no âmbito do assédio discriminatório de gênero. **Revista pensamento jurídico**, São Paulo, v. 11, n. 1, p. 172-192, jan./jun. 2017.

VIANNA, Luiz Werneck. **A judicialização da política das relações sociais no Brasil**. Rio de Janeiro: REVAN, 1999.

WARAT, Luiz Alberto. MELO, Osvaldo Ferreira. **Fundamentos da Política Jurídica**. Porto Alegre: Sergio Antonio Fabris Editor, 1992.

WATANABE, Kazuo. Acesso à justiça e sociedade moderna. *In:* WATANABE, Kazuo; GRINOVER, Ada Pellegrini; DINAMARCO, Cândido Rangel. **Participação e processo**. São Paulo: RT, 1988.

WERTHEIN, Jorge. A sociedade da informação e seus desafios. **Ci. Inf.**, Brasília, v. 29, n. 2, p. 71-77, maio/ago. 2000. Disponível em: scielo.br/pdf/ci/v29n2/a09v29n2.pdf. Acesso em: 13 jan. 2018.

WHITEMAN, Wayne E. (Lieutenant C). **Training and education army officers for the 21st Century**: Implicacions for the United States". 1998. Disponível em: //apps.dtic.mil/docs/citations/ADA345812. Acesso em: 26 ago. 2019.

WILSON-EVERED, Elisabeth; MACFARLANE, Deborah; ZELEZNIKOW, John; THOMSON, Mark. Towards an Online Family Dispute Resolution Service in Australia. *In:* POBLET M. (ed.). Mobile Technologies for Conflict Management. **Law, Governance and Technology Series**, v. 2. Springer, Dordrecht, 2011. Disponível em: link.springer.com/chapter/10.1007/978-94-007-1384-0_10. Acesso em: 10 nov. 2019.

WOLKMER, Antonio Carlos. **Introdução ao Pensamento Jurídico Crítico**. 9. ed. São Paulo: Saraiva, 2015.

ZANETI JR., Hermes; CABRAL, Trícia Navarro Xavier. **Justiça Multiportas**: mediação, conciliação, arbitragem e outros meios de solução adequada para conflitos. Coleção grandes temas do novo CPC (coord.). Fredie Didier Jr., v. 9. Salvador: Juspodivm, 2016. v. 9.